# KY式英語

**英語略語から
現代アメリカが見える**

**DJ Jerry** [著]

大修館書店

## まえがき

　日本語では語の省略が頻繁になされる。「行革」「原発」「日米安保」など,特定の用語を略す動きは昔からある。そうではなく「明けましておめでとう」を「あけおめ」とするような表現の省略・簡略化が近年,若者を中心に目立つ。これを面白がる人もいれば,言葉の乱れと眉を顰める向きも多い。

　ことに「周囲の状況や雰囲気に応じた言動ができない」ことを「空気を読めない」と言うのが流行りの慣用句であるが,Kuuki Yomenai の頭文字をとって KY とローマ字の簡略語とする流れもできている。ここまで来ると,簡便さを目的とした省略というよりは言葉遊びの感覚の方が勝っているようにも感じられる。

　さて,英語は日本語にも増して簡略化が進んでいる言語である。そもそもアメリカ合衆国の通称である USA にしても略語であるわけで,様々な用語の略語をたどるとしたら,それは膨大な道のりとなる。

　実際,英語の略語を集めた書籍は日本でもいくつか出版されているが,ノンジャンルの略語を収集するという試みは,アメリカ英語という大海の水をバケツで汲み上げるのとさして変わらない。満足できる収録語数の書物はいまだかつて存在しないし,今後も成立し得る見込みはないものと考えられる。従って本書が目指した方向はそこにはない。

本書では副題にもあるように，アメリカ英語の略語を通して現代英語とアメリカ現代社会を考察してみようと試みた。多分に略語は使用者の感覚によって成立しているところがある。その現代アメリカの「感覚」が読者に伝わることを念じて稿を進めた。

　略語の選定に当たっては，Eメールやチャット，TwitterやFacebookで多用される言葉，会話表現を略語にした言葉遊びの色彩がつよい言葉，また旧来からある言葉ながら既存の書物ではあまり取り上げられてこなかったものを選んだ。なるべく新しい使用実態のあるものから収集したつもりである。

　各項は，その略語自体の解説を施し，関連する略語や英語表現も随時取り上げるようにした。さらには紙幅の許す限り例文を掲げた。またそれぞれの略語がもつテーマに関する短いコラム──現代アメリカの社会，制度，文化，習俗が俯瞰できるような内容のものを設けた。

　本書の章構成であるが，第1章では，英語略語の成立するパターンについて概説した。先に述べた略語に伴う「感覚」は，ここで述べる規則性が背景にある。読み進めるうえで必要な情報となっているのでご留意願いたい。

　第2章では，特に若者が好んで用いる略語，また若者に関連するテーマの略語を，第3章では広くアメリカの文化・習俗に関わる略語，第4章ではアメリカ社会の諸制度や実態に即したものを，第5章で

はジャンルで括られない，知っておくとちょっと面白い情報を中心に，それぞれ編んだ。

英語略語から現代アメリカやアメリカ人を理解しようとする試みは他著に類例をみない。風変わりな書籍かも知れないが，より知識を深めていくうえでの様々な手掛かりは用意できたと考えている。

略語は，ある言葉や表現を略さずに言うよりは間接的，遠回しな言い方になる。えげつない意味の言葉も略語なら抵抗感も少なかったりする。そのため，日本人が用いることもないような下品，もしくはインモラルな言葉や表現が略語としてしばしば用いられる。実際はアメリカ人がジョークや軽口で言ったりするようなことなのだが，本書では，実際の使用実態に応じてその種の略語も紹介した。

以上述べてきたように，本書は省略英語を集めたものであるが，そこに止まらず現代アメリカを手早く俯瞰できるように仕立てている。現代英語のダイナミズムと現代アメリカ人のライブな生活を感じていただければ幸いである。

最後に，第1章を書くに当たり貴重なアドバイスを頂戴した東京理科大学講師で英語学がご専門の石井康毅先生，全体を通じご指導ご鞭撻を賜った大修館書店の番沢仁識氏に心よりお礼を申し上げます。

DJ Jerry

目次

**第1章　英語略語のミニ知識**……1

**第2章　言葉遊びの英語略語**……7
　音で置き換える略語 **CUL8R**……8
　ズボンのファスナー全開 **XYZ**……11
　愛の爆弾表現 **L-bomb**……13
　タブー語 fuck の使われ方 **MILF**……16
　顔文字とコミュニケーション **XOXO**……19
　処女性という切り札 **V-card**……22
　ルックスに関するシャレた婉曲表現 **FYF**……25
　「年がら年中」を英語で言うと…**24/7**……28
　警察とトラック野郎から広まった暗号 **10-4**……30
　アメリカの殺人状況 **187**……32
　ロマンティックな数字列 **143**……35
　英語で悪態をついてみる **SOL**……39
　擬音語の代表格 **zzz**……41

## 第3章　生活に根ざした英語略語……45

ハンバーガーショップへの愛着 **Mickey D's**……46

アメリカのコンビニ事情 **Sevvy**……49

ヒップホップ文化の象徴 **B-boy**……52

アメリカ版お袋の味 **BLT**……55

オートキャンプという娯楽 **RV**……58

英語で謝る際の留意点 **SS**……61

God を用いたアメリカ英語 **OMG**……63

花の金曜日 **TGIF**……65

「死」にまつわるアメリカの諸事情 **RIP**……68

アメリカ人の大笑い **LMAO**……71

アメリカ人の大好きな連続コメディ **Sitcom**……74

パーティー好きの気質 **BYOB**……77

宗教とパロディー **WWJD**……80

同期生・同窓生を表す略語 **49ers**……83

アメリカ流賢い考えと成功哲学 **BMTA**……88

「警察愛」というメンタリティー **NYPD**……90

英語になったフランス語 **RSVP**……93

夏の挨拶 **HAGS**……95

## 第4章　社会の仕組みや制度に関する英語略語……97

アメリカの男女共学と別学 **Co-Ed**……98

アメリカの教育制度 **AP**……101

アメリカの大学受験 **SAT**……104

日米の未成年者保護 **PG**……107

訴訟社会アメリカ **CYA**……110

ラブ・アフェアに関する社会的許容度 **PDA**……113

留学生の米国での就職活動 **OPT**……116

差別を排除する社会 **PC**……119

ER でよく聞く医療用語 **DOA**……122

「配偶者」を意味する英語 **SO**……125

アメリカ人の就業スタイル **OT**……127

家電量販店，日米の違いは? **PC**……130

## 第5章　ノンジャンルの英語略語……133

聖書から生まれた英語表現 **VIP**……134

アメリカ富裕層のカッコいい生き方 **posh**……137

よく見るフィットネス英語 **abs**……140

ラテン文化との融合 **Tex-Mex**……145

広く使える格闘技英語 **MMA**……148

日米ペット事情 **K9**……152

記憶力を高める呪文 **Roy G. Biv**……154

南カリフォルニアの存在感 **So Cal**……157

トイレの英語 **BM**……160

女性に大人気のドラマ **SATC**……163

全米ファッションの最高学府 **FIT**……169


**第6章　使える英語略語集**……173


**略語・関連表現索引**……193

ミニ知識

# 第1章

# 英語略語の ミニ知識

英語略語には，語の成り立ちのうえでいくつかのパターンがある。本編に進む前に，必要な知識を簡単にまとめておこう。

# 1.
## インターネットの普及と英語略語

　日本語, 英語を問わず, 同じ意味を伝えるのならば言葉を短く使えるほうが便利な面があるのは言うまでもない。特によく用いられる用語, 例えば高等学校を「高校」, 経済産業省を「経産省」, また英語では American Broadcasting Company を ABC と略すのは道理と言える。

　日本語では語を略すにしても「言いやすさ」, つまり語呂の問題があり, 省略の形として4拍（4モーラ）に整えることが多いと言われる。団交, 卒論, 朝練, 就活, 財テク……昨今では, できちゃった結婚を「でき婚」, メール友達を「メル友」とするのはその例となる。

　一方, 英語はアルファベットで成り立つ言語であり, 個々の語の頭文字をつなげることで省略できる。先の ABC や USA, FAQ（Frequently Asked Question：よくある質問）や CPU（Central Processing Unit：中央演算装置）などは頭字語といい, 英語略語においては最も数の多いタイプである。

　インターネットの普及により生まれた略語や省略表現のなかには, それまでのものと異質であるものが多くある。インターネットは通信手段のみならず電子掲示板や SNS（Social Networking Service) でコミュニティを形成した。そこでは趣味, 嗜好や出身地,

卒業した学校などが共通した人たちが、居住する場所に関係なく公開・非公開の連絡を取り合うことでつながることができる。

こうしたネットを通じた仲間内では符牒が好んで用いられる。そのなかには略語も多く含まれる。そもそもインターネットでの通信は文字情報が中心であり、発信者は文字情報を入力しなくてはならない。情報を簡略化できるのであれば都合がいいのである。チャット（chat）やツイッター（Twitter）では即時性の高い発信・投稿を要することがあるので、読み手が理解できる範囲の省略語は使われやすい事情がある。

これらの言葉の省略は、語のみならず文の省略に及ぶことも多い。HSIK（How Should I Know.：誰が知るか）、TC（Take Care：気をつけて）などがその例である。これらは会話ではまず使われない略語である。

まえがきでも触れたが、日本語においても「あけおめ」や「ことよろ」（今年もよろしく）は、ラジオやテレビで取り上げられ面白がられたこともあるが、年賀状を出さずに年賀メールで済ます若年層にとっては、携帯メールの文字数の節約になって便利なのである。

またこうした新型の略語は言葉遊びの性格が強いものが多い。略語にみるアメリカ人の遊び心はなかなかのものである。具体的には次章以降に紹介する。

便利さと遊び心、この２つは略語成立のうえで日

米共通する新しい流れかもしれない。

## 2. 英語略語の種類

省略語や（語の）省略形のことを abbreviation という。例えば inst. は instant, instrument などの語の abbreviation である。このなかで boyfriend を bf とするような、ひとつの単語を簡略化した省略語を shorthand（簡潔語）という。

英語はアルファベットにより構成され、その頭文字を組み合わせることで多くの略語がつくられる（頭字語）。頭字語は大きく initialism と acronym に区別される。

### initialism（イニシアリズム）

頭字語のうち、アルファベットを一音ずつ発音するもの。Electronic Toll Collection System ＝ ETC（イーティーシー）がこれに当たる。IMF（国際通貨基金）、UN（国際連合）などの機関名や NY, LA などの地名、JFK（J・F・ケネディ）のような個人名と、例を挙げれば切りがない。英語略語のなかでは圧倒的に initialism の数が多い。

### acronym（アクロニム）

綴りに従って通常の単語のように発音するもの。Association of Southeast Asian Nations ＝ ASEAN（アセアン）、United Nations Educational, Scientific and Cultural Organization ＝ UNESCO（ユネスコ）がこれに当たる。

日本でも見かけるようになってきているアクロニムで、言葉遊びの感覚がふんだんに取り入れられているのが次の形式である。

**pseudo acronym（スードー・アクロニム）**

pseudo は「偽の、擬似の」の意。例えば See you. をその音になぞらえて CU と表記するように、文や文の一部を同じ音のアルファベットの配列に置き換えてしまうもの。疑似アクロニム。本書では to you ＝ 2U のように数字を交えたものもスードー・アクロニムに含めて解説する。

また本書では abbreviation ではないが、以下のカバン語も取り上げている。

**portmanteau（ポートマントー）**

本来は「両開きの大型旅行カバン」の意。2つの単語を組み合わせて1つの単語を構成したもの。混成語。breakfast ＋ lunch ＝ brunch（昼食を兼ねた遅い朝食）がその例。

また上記のカテゴリに属さない略語もある。それらについては各項でそれぞれ略語成立の背景に関する解説を加えた。

それでは次章、アメリカ英語略語の具体例へと読み進んでいただきたい。

第2章

# 言葉遊びの英語略語

遊び心から略語を作り出したり，すでにある略語を遊び心で使ってみたり。アメリカ人の言葉遊びのセンスが感じられる言葉の数々。

言葉遊び

# 音で置き換える略語

## CUL8R
シーユーレイター

### See you later.
「また後で」

　See you が CU，ate を数字の 8 で置き換えて later が L8R となる。こういった音のつながりで省略した語を「スードーアクロニム」（5 頁参照）という。数字を交えるところに若い感性が見て取れる。使用実態も若者が中心で，チャットやメールで多用される。

A：I'm gonna let you go.（チャット終わりにしていいよ）
B：OK. CUL8R.（わかった。またね）

※アメリカ人の "See you later." は必ずしも言葉通りに後日の再会を確約する意味合いのものではない。

### 【関連表現】

　さらに簡略化することもある。

**CU**（See you.：また会いましょう）

A：CU.（じゃ，また）
B：CU tomorrow.（うん，また明日ね）

**L8R**（Later：またね）

A：Have a good night.（おやすみ）
B：L8R.（また）

\* \* \*

## スードーアクロニム のパターン

洋楽のタイトルにも，スードー・アクロニムはよく使われる。アヴリル・ラヴィーンの *Sk8er Boi*（skater boy），ブリトニー・スピアーズの *I'm a slave 4 U*（for you）．や *If U seek Amy*。日本でも倖田來未の *Crazy 4 U* などがある。

こういったスードー・アクロニムのパターンは割りと簡単で，次のルールを覚えておけば自分で自在に作れてしまう。to/too→2, for→4, you→U, you are→UR, are you→RU, ate→8, see→C。

これに従い，文をスードー・アクロニムにしてみると，例えば By for now.（じゃあまたね）は B4N に，It doesn't matter to me.（私には関係ありません）は IDM2M になる。

\* \* \*

チャットやメールで多用される言葉遊びの代表的な略語を以下紹介する。

**A-hole**（Asshole）ば〜か

**A3**（Anytime, Anyplace, Anywhere）いつでも，どこでも，どんな場所でも

**BRB**（Be right back.）すぐ戻ります

**BTW**（By the way）ところで

**CU@ 〜**（See you at〜）〜で会いましょう

**DNR**（Dinner）夕飯

**fab**（fabulous）すばらしい

**GB** (Good-bye) バイバイ

**GBY** (God bless you.) 神様のご加護がありますように

**GL** (Good luck.) 頑張って

**HRU?** (How are you?) 元気?

**IDC** (I don't care.) どうでもいいよ

**JK** (Just kidding.) 冗談だよ

**LMA** (Leave me alone.) ほっといて

**LMK** (Let me know.) 知らせて

**mngr** (manager) マネージャー, (野球の) 監督

**NM** (Never mind.) 気にするな

**NP** (No problem.) どういたしまして

**OH** (office hours) (営業, 勤務, 診療) 時間

**SAT** (Sorry about that.) ごめんね

**SW** (So what?) だから何なんだ?

**TA** (Thanks again.) 重ね重ねありがとう

**TM** (Trust me.) 私を信じて

**TMWFI** (Take my word for it.) だまされたと思って

**TTBOMK** (to the best of my knowledge) 私の知る限りでは

**TTUL / TTYL** (Talk to you later.) じゃあね

**TY** (Thank you.) ありがとう

**UR4ME** (You are for me.) あなたは私のもの

# ズボンのファスナー全開

## XYZ
エックス・ワイ・ズィ

**Examine your zipper.**
「ズボンのファスナーが開いてますよ」

「ズボンのファスナー（が開いてますよ），よく見てみなさい」の意。直接言いにくいことを遠回しに略語で伝える言い方。事が事だけに，ヒソヒソ話で用いられることが多い。

◆ファスナーが開いていることをそのまま伝える場合は Your fly is open. という。
※ fly は「洋服の前立て，ズボンの前ファスナー」

◆名前がはっきりしないときにも使われる。
Mr. XYZ came to see you this morning.（なんとかさんが今朝面会に来られましたよ）

◆ファスナーの呼称はいくつかある。fasten（しっかり留める）＋er で fastener, zip（ビュッと音を出す）から zipper。これに対して「チャック」は「巾着」をもじって日本でできた商標名で，英語由来ではない。また，zip には「（ジッパーを）閉める」という動詞の意味ももつが，そこから転じて「口を閉じる，黙る」という意にも使われる。

A：Keep it hush-hush.（内緒にしておいて）
B：Sure. I'll zip my lip.（いいとも。内緒にしとくよ）

※ hush-hush で「内密の」「ごく内々の」という形容詞。

\* \* \*

## アメリカ人の心遣い

日本語は婉曲的表現が高度に発達した言語だと言われるが，アメリカ人だって遠まわしに物を言う。美人でない人のことを She is average. (27頁参照)，最下位のチームを The team is struggling. (そのチームは健闘してる)，「そりゃ君，無理だよ」を You have a long way to go. (道のりは長い) などと表現して当たりがキツくならないよう気遣う。

大学の授業でも，英語力のない学生に向かってインストラクターが，本当は Your English sucks. (お前の英語下手クソ) と言いたいのだろうけど，本人を傷つけないように Your English needs more work. (あなたの英語はもっと練習が必要です) とやんわりとアドバイスの形にしたりする。

確かにアメリカ人は Yes と No をはっきりさせる国民だが，だからといって，聞き手が気分を害するようなことまで無遠慮に言うことはしない。この辺のメンタリティーは日本人と同じだ。どうしても言いづらいことを言わなくてはならないときには Let me be blunt. (ありのままに言わせてもらいますが) や Frankly speaking (率直に言って)，I'm afraid (残念ながら) などと前置きをする。相手に対する配慮があるから，小声で XYZ なのだ。

## 愛の爆弾表現

# L-bomb
エル・ボム

### I love you-bomb
「コクる」

「愛を告白する」行為。若者語で言えば「告（コク）る」こと。I love you. は様々な場で広く使われる表現で，コンサートやスピーチで「こんにちは」や「さようなら」の挨拶代わりとなる常套句。しかし，一対一でいるときに相手にぶつければ，場合によっては立派な「爆弾」になりうる。炸裂した結果，ぶつけられた方が嬉しいか，びっくりするか，困っちゃうかは別として。

原子爆弾は英語で Atomic bomb と言うが，これを略した "A-bomb" は広く一般的に用いられる。この略し方を模倣して，様々な「爆弾表現（○-bomb）」が作り出されている。なお，これらの「爆弾表現」には，物が爆弾だけに drop（落とす）という動詞がくっついて "drop ○ -bomb on〜"（〜に○爆弾を落とす）という使い方をするのが一般的。

A：You look happy.（嬉しそうだね）
B：Last night, Dan dropped the L-bomb on me.（夕べ，ダンにコクられちゃったの）

◆恋人同士や夫婦間の愛情表現としての I love you.

は，I-bomb という。

My boyfriend calls me and drops I-bombs every night.
（カレは毎晩電話で「愛してるよ」って言ってくれるの）

\* \* \*

## 「爆弾表現」あれこれ

昔は，小学校の高学年ともなると，好きな女の子を意識しながら「ラブラブ爆弾投下」とか「ラブラブ光線発射」みたいなことを言って騒ぐ男子がいたものだ。L-bomb はこれと似ていて，稚気あふれる英語表現と言える。

この「爆弾表現」には様々なバリエーションがある。言葉遊びのアメリカ英語だけに，年配者など人によっては意味が通じないことがある。

**B-bomb**（boyfriend）カレがいるから…というお断り
I tried to seduce Susan but she dropped a B-bomb on me.（スーザンを口説こうとしたけど，彼氏がいるからダメ，と言われたよ）

**C-bomb**（cunt）こん畜生（女性蔑視の汚い言葉。アメリカでは放送禁止用語）
Becky got furious when I dropped a C-bomb on her.（こん畜生％＃＄＃＃？＆と罵ったら，ベッキーは怒り狂った）

**F-bomb**（fuck）こん畜生（放送禁止用語）
It's a no-no to drop an F-bomb.（「こん畜生」と言うのは禁止事項です）

※ fuck については 16 ページ参照。

**H-bomb** (Harvard University) ハーバード大学の学生であることを告げること

If you drop the H-bomb, Nancy might take to you.（ハーバードに通っていると言えば，ナンシーがお前に惚れるかもよ）

※ take to ～（～を好きになる，～に専念する）

# タブー語 fuck の使われ方

## MILF
ミルフ

**Mother I'd Like to Fuck**
「一発やりたいお姉さん」

　Mother とあるが，必ずしも既婚・子持ちとは限らず，年上のセクシーな女性を指す。言葉遊びのアクロニムゆえ若い層を中心に使われるが，さほど親しくない間柄でもこの話題となれば打ち解けた雰囲気になることも多く，ラジオ局のホームページではパーソナリティー紹介に「私の MILF」という項目を設けている例もある。

　fuck は「性交（する），不当に扱う」という意味の極めて下品な語とされ，禁忌語となっているため公の場では絶対に用いられない。しかし仲間内やかしこまらない場では，実は使用頻度の高い言葉でもある。日本人の多くは fuck＝タブー語であるという認識にあると思われるが，この項ではこの語の実際の使われ方について考察してみたい。

A：Check that hotty!（見てみろよ，いい女だぜ）
B：She is a real MILF.（一度お願いしたいお姉さんだ）
※ hotty はセクシーな女性のこと。

【関連表現】

**TILF**（Teacher I'd Like to Fuck.）一発やりたい先生

**DILF**（Daddy I'd Like to Fuck.）一発やりたい中年男性

∷ A：Our new teacher is so cool.（今度の先生，チョーかっこいい）
∷ B：He is a TILF（抱かれたい）

◆ MILF は「年上女性と情交を結ぶ」という動詞でも用いられる。

∷ A：Who is your MILF?（お手合わせしたい人妻は？）
∷ B：Already MILFed my wife, Lucy.（もう妻のルーシーとやったよ）

\*  \*  \*

## タブー語 fuck の使用実態

日本人にとっても，fuck という言葉がアメリカにおいて禁忌であることは知られるところである。実際，性的表現を忌避するキリスト教の影響は大きく，改まった場面での使用は嫌悪される。

先にふれたように，通常の会話においてよく使われる fuck の用法は概ね「敵意を含んだ強意」であり，しばしば冠詞を伴った名詞として登場する。例えば，

∷ Where the fuck is Jack?（ジャックの野郎，一体どこに行きやがったんだ）

では，the fuck が入ることで，ジャックが見当たらないことへの苛立ちが強調される。また，

∷ I don't give a fuck.（全然構いやしねぇよ）

では，その事にこだわらない気持ちを強める働きとして a fuck が用いられている。

また間投詞としての用法，Oh fuck!（こん畜生）のような罵り言葉は，独り言で非常によく使われる。これらの fuck には語気を強める働きはあるものの，特定の意味はない。

　日本語との比較で見てみても面白い。似たような表現として「くそっ」「畜生」があるが，これらは専ら男言葉であり女性にはあまり馴染まない。しかしアメリカでは fuck の慣用表現は性別による使用差はあまりなく，女性であっても人によってはよく用いる。日本語の方が英語よりも性差による表現の違いが顕著であることもあるが。

　fuck を「性交する」という意味の動詞で用いるのは極めて嫌悪的かつ露悪的で，通常は回避され，その代わり sleep, make love, make it などの間接的な言い回しが多く使われる。

　MILF の F（fuck）はそのものズバリの意味であるが，略語に仕立て上げられ，当たりが柔らかくなっている。こういう効果も略語の機能のひとつである。

# 顔文字とコミュニケーション

## XOXO
エックス・オー・エックス・オー

### hugs and kisses
「キスと抱擁」

Xは〉と〈(唇と唇)が重なる様子を表す。つまり「キス」。Oは(と)(腕と腕)が合わさって抱き合う形に見立て「抱擁」。X (kiss), O (hug) の順だが, 習慣的に hugs and kisses と読む。OXOX となる例もある。恋人同士のラブラブメールは言うに及ばず, 友人とのコミュニケーションで広く使われる。一種の絵文字である。

∷ CU tomorrow, XOXO.（じゃ, 明日ね, キスキス, ハグハグ)

※ CU は See you. をスードー・アクロニムにしたもの。

∷ I don't want to say good-bye tonight, OXOX.（今夜はさよならしたくない, 抱いてキスして）

◆ Hugs and Kisses をイニシアリズムにして HAK とすることもある。

∷ A：Do you really love me?（私のこと本当に愛してる？）
∷ B：Of course, HAK.（もちろん。抱きしめてキスしたいよ）

【関連表現】

**XOXOXOXO**　抱いて抱いてチュチュチュ
**OOO**　抱いて，抱いて，抱いて
**XXX**　キスキスキス

◆レディースのファッションブランド XOXO（エックスオー・エックスオー）は1991年にアメリカ西海岸でスタート。日本には XOXO（キスキス）というレディースのセレクトショップがある。この2つはまったくの別会社である。

\*　\*　\*

## 顔文字と emoticon

日本では，(^o^)，(>_<)，m(_ _)m，(T_T) のような顔文字がパソコンのメールでよく使われる。携帯メールでは通信会社を超えて使うことのできる「絵文字」が非常に充実しており，いずれもメールに喜怒哀楽の感情を含ませる。このような顔文字はアメリカにもある。

:-)　→ smile　笑顔
;-)　→ wink　ウインク
:-(　→ frown　しかめっ面
:-o　→ surprise　驚き
:-/　→ confused　困惑
>:-{　→ angry　怒り
XD　→ big smile　大笑い

などがその例だ。

日米で大きく異なるのは，日本では顔が縦位置で表示されるが，アメリカでは横になること。それと

日本の顔文字は「目」の部分に感情を込めるが，アメリカは「口」のバリエーションで感情を表し分ける点だ。

このようなアメリカの顔文字の類は"emoticon"（emotion と icon のカバン語）と呼ばれる。日本における顔文字同様，アメリカでも emoticon は広く知られており，広告でよく使われる。しかしメールのやりとりにおいては，日本ほど多用されない。感情の装飾はせず，伝えたいことを簡潔に短くして送信する，それがアメリカのメールによるコミュニケーションだ。アメリカ人は意思の疎通においても無駄（？）な感情の装飾を省くという点で，合理性を求めると言えそうだ。

なお，XOXO は emoticon ではないが，emoticon よりはよほど頻繁に使われる。それは XOXO が hugs and kisses という表現（意味，感情）の「省略形」であり，ブランド名に起用されるほどスマートでもあるからだと思われる。

## 処女性という切り札

# V-card
ヴィーカード

**Virginity card**
「処女(童貞)カード」

　virginity は「処女(童貞)であること」「処女(童貞)性」の意。「性体験がない」という属性を指す語である。「処女」「童貞」と男女で使い分ける日本語と異なり，英語はいずれも virgin。しかし V-card となると女性に関して用いるのが専らである。例文参照のこと。card は「切り札」で，「奥の手」「とっておきの手段」というニュアンスが生まれる。

A：I had a date with Tracy last night. (夕べトレーシーとデートしたよ)
B：Did you get any? (やった？)
A：I swiped her V-card. (処女を頂いたよ)

※ swipe a card は「カードを読み取り機に通す」

Some women play their V-cards. (処女であることを切り札にする女性もいる)

◆ cherry (サクランボ) も V-card と同じ意味で使われる。

A：I can't get Tom out of my mind. (トムのことが忘れられないの)
B：Why? (どうして？)

A：Because he is the boy who popped my cherry.（初めての人だから）

※ pop〜は「〜をポンと弾けさせる」。処女を弾けさせることから「処女を奪う」の意。

◆ cherry は広い意味で「初体験」を意味する。

At age five, my father popped my Disneyland cherry.（5歳のときに，父が初めてディズニーランドに連れて行ってくれた）

\* \* \*

## アメリカにおける「処女」の位置づけ

アメリカでは，90年代に入ってから敬虔なクリスチャンの家庭で purity ring（純潔指輪）を親から子へ渡す習慣が始まった。これは，結婚するまでは異性と性的関係を結ばないことを誓うものだ。

また，聖母マリアが，夫ヨセフとの性交渉なしでイエスを身ごもったという処女懐胎（Virgin Birth of Jesus）を信じているアメリカ人が61％もいる，とアメリカの世論調査会社ハリス社が伝えている。イギリスは34％。アメリカは宗教的に保守的な一面を持っている国だと言えそうだ。

そういった保守的な人たちの間では，処女であることが重要視される。図らずも結婚前に処女を失ってしまった場合，教会に行って懺悔し，気持ちの上で処女に戻ってから結婚する女性もいるという。

その一方で，許可を受けた場所での売春が合法であるネバダ州の売春宿のホームページ上で，自分の

処女をネットオークションに掛けた女性学専攻の女子大生がいる。男性からのアクセス数は1万件を超え、なんと3億円以上の値が付いた（英紙デイリー・テレグラフ）。この一件は大きな反響を呼び、ブログなどでも賛否両論が飛び交った。アメリカの進歩的女性学研究者の一部には「女性の自由意志が尊重されるなら売春もまたよし」と主張する者もいた。

　宗教上の理由により処女を結婚の絶対条件とする人もいれば、売れるものなら自らの処女までも売ろうとする人もいる。アメリカならではの多様な現象だが、その根底に流れるのは「処女には絶対の価値がある」という考え方だろう。もっとも、平均的、標準的なアメリカ人はvirginityをそこまで重要視してはいないようだ。

# ルックスに関するシャレた婉曲表現

## FYF
エフ・ワイ・エフ

### Fifty Yard Fake-out
「遠くから見ると美人」

fake は「偽物」「でっちあげる」「ふりをする」，fake out で「(人を) だます」の意。fifty yard fake-out は直訳すると「50ヤード (45メートル) 先にいる，だます人」で，もっぱら女性のルックスをからかうお遊び言葉。日本語には「夜目遠目笠の内」という慣用句がある。「(女性は) 夜見たとき，遠くから見たとき，笠をかぶっているとき，はっきり見えないので実際より綺麗に見える」という意味だが，英語にも，"A woman looks much more beautiful when seen from afar, in the dark, or hatted."(女性は遠くから見たとき，暗がりで見たとき，帽子を被っているとき，実際よりはるかに綺麗に見える) という似た慣用表現がある。

A：All the chicks up ahead look hot.（向こうの女の子はみんなよさげだぜ）
B：They might be all FYF's.（みんな近づいたらギョエーかもよ）

※ chick（ひよこ，子供，若い娘）

### 【関連表現】

**false alarm**　間違い警報，転じて「心ときめいたが，

近づいて見たら大したことない女性」

A：Seen from behind, that girl appeared gorgeous.（後ろからみたらスゲーよかったんだよ）
B：Seen from the front?（前から見ると）
A：She was a false alarm.（アラアラ，だったよ）

\* \* \*

## 「不細工」を意味する英語

butterface（バター顔）という面白い表現がある。Everything is fine with her but her face.（顔以外，彼女のすべてが OK）の but her face（顔以外）をナチュラルスピードで発音すると butterface と聞こえる。このことから「ナイスボディーだけど顔がイマイチ」の女性を指す婉曲表現になった。

男同士で What's up, dog? と言えば「元気か，相棒」のように友達を意味するが，女性に対して dog と言うと「ブス」という意味になる。Nancy is a real dog.（ナンシーは超ドブス）の一言でナンシーは激怒するだろう。

「家庭的な人」を日本語では「アットホームな感じ」と形容するが，英語では homely を用い Tom is homely person. という。ところがことアメリカ英語では，homely は女性に対して使うと遠回しに「不細工」の意味になることがある。Dick's daughter is homely.（ディックの娘は器量が悪い）。「家庭的→質素→地味→不器量」と語感がつながっているように思える。

容姿に関する婉曲表現として最も無難かつ普通の

言い方は She is average. だ。文脈にもよるがこういうときの average は概ね「美しくない」という意味となる。常識的な配慮がはたらいた表現だ。

　最後に婉曲や遠回しの対極的な言い方，声を潜めて用いられる種の言い方ながらよく用いられるのは ugly shit である。

# 「年がら年中」を英語で言うと…

## 24/7
トゥエンティ・フォー・セブン

**twenty-four seven**
「四六時中」

「(1日) 24時間, (1週間) 7日間休みなく」の意。会話でも文章でも使われる省略語である。

A：Tom is a baseball fanatic.（トムは野球狂だね）
B：Yeah. He talks about baseball 24/7.（いつでも野球の話だからね）

【関連表現】

**24/7/365**　twenty-four seven three sixty-five, 意味は同じ

7-Eleven is open 24/7/365.（セブンイレブンは24時間年中無休です）

**around the clock**　24時間休みなく

Jane watched DVD's around the clock last weekend.（ジェインは先週末24時間ぶっ続けでDVDを観た）

◆ The Beatles に *Eight days a week* という曲がある。そこでは, ジョンとポールが「1週間に8日君を愛している」と唄っている。それは「どんなに愛しても愛し足りない」というレトリックだ。

A：How late is this place open?（この店何時までやってるんですか？）

B：Oh, we are open thirty hours a day.（うちは1日30時間営業だよ）

【関連表現】

**five-day week**（週休2日制）

Our company is on a five-day week.（私の会社は週休2日制です）

\* \* \*

## 「日付」に関する観念

アメリカの主要な空港は24時間稼働するところが多い。LAX（Los Angeles International Airport）やJFK（John F Kennedy International Airport）など。さらにはNew York City SubwayやLAX発着のSuper Shuttleも終日運行だ。

さて深夜便で例えば「深夜2時」にアメリカに入国した際，日本人の感覚としては入国審査や税関でGood eveningと言いたくなるところだ。しかし日付が変わった時点で朝であるため，アメリカ人にとってはGood morningが自然なのである。さらに軍隊となるとさらに厳密な運用となり，夜中の12時1分の挨拶はGood morningとなるのである。

日米差という点では時刻表示も然り。12:30はアメリカでは12:30pm，同様に0:30は12:30amとなる。アメリカでは普段24時間表示を用いないので20:00は8:00pmとなる。日本人にとって注意しておきたいのは英語の時刻を表す数字だけでは昼夜が不明なため，数字の後のam/pmを確認しておくことである。

# 警察とトラック野郎から広まった暗号

## 10-4
テンフォー

**ten-four**
「了解」

元々は、アメリカの警察が無線で使う無線暗号「10コード」のひとつ。1970年代に流行し、今でも大型トラックの運転手に利用者の多い citizens band（市民ラジオなどのCB無線）においても使用される。無線での符丁が普及したものだが、そのきっかけは、C. W.McCall が歌う *Convoy*（護衛）というカントリーソングが1975年に全米でヒットしたことにある。これは当時流行っていたCB無線での隠語を多用した「トラック野郎」の歌で、歌詞の中で10-4が繰り返され一般に広まった。さらに1978年、同名の映画が公開され、一層の市民権を得るに至った。

A：You gotta fly to the scene right now.（直ちに現場に急行せよ）
B：10-4.（了解）

◆ 10コードの無線暗号の例は以下の通り。
10-10＝勤務時間外、10-20＝どこ？、10-40＝電話に応答せよ。

◆かつて携帯用無線電話機（Walkie-Talkie）で使われていた I copy that.（あなたの言ったことを脳みそにコ

ピーします）という表現が，現在でも 10-4 と同じ意味で使われている。

A：Pick up our guests at the airport at 10:30.（10 時半に空港でお客様をピックアップしてくれ）
B：I copy that.（了解）

\* \* \*

## 英語でのいろいろな「了解」

「了解」を一般的な英語で言うと，I understand., I got it., I got you., およびこれを崩した Gotcha. がある。さらにいろいろ見てみると…。

海軍士官学校を舞台にした映画「愛と青春の旅立ち」では軍隊表現の Yes, sir. が繰り返された。関連で海軍では Aye, aye, sir. が使われる。

日本語にもなっている「ラジャー」は Roger から来ている。これは昔，軍隊の無線に応答するときに R が receive（命令を受け取りました）の意味で使われていたのだが，R 単体では聞き取りにくいことがあるため "R as in Roger" と返事していたことに由来する。メールやチャットでは簡略して RGR と表記されることもある。

若者の間では，状況によって Rock'n'roll が「了解」「賛成」「同意」を意味する。これは単なる「ノリのよさ」から来ているようだ。

# アメリカの殺人状況

## 187
ワン・エイト・セブン

**murder**
「殺人」

「殺意を持って人及び妊娠9週以降の胎児を非合法的に死に至らしめること」と殺人罪を規定したカリフォルニア州刑法第187条に由来する。初め、同州の司法・警察用語だったものが、ギャング映画やラップの歌詞などで使われるようになり、一般に広まった。殺人罪の刑罰は同法第190条で規定。

A：187 on Pico Boulevard. Hurry to the scene!(ピコ・ブルバードで殺人発生。現場に急行せよ)

B：I copy that. (了解)

◆カリフォルニア州刑法第190条では死刑（death penalty），終身刑（life sentence）などの刑罰を定めている。

A：Did you see the serial murderer get executed? (あの連続殺人鬼が処刑されるの見た？)

B：No, but I know that he was sent to the electric chair. (いや、でも電気椅子にかけられたのは知っている)

A：The killer was sentenced to life in prison. (その殺人犯は終身刑の判決を下されたよ)

B：It serves him right. (ざまあみろ)

◆荒廃したアメリカの高校で，処刑予告を受けた教師と不良生徒との衝突を描いた映画「187—処刑予告」（1997制作）があった。
◆ラッパー，50 cent の3枚目のアルバム *Curtis* の中に *Curtis 187* という歌が収録されている。
※ Curtis は彼の本名 Curtis Jackson から。

\* \* \*

**アメリカは殺人大国？**

1999年のコロンバイン高校銃乱射事件，2007年のバージニア工科大学銃乱射事件。2010年2月にもアラバマ大学の女性教授が，会議中に同僚3人を射殺するという事件が起きた。これらの事実からアメリカでは殺人事件が後を絶たないという印象を受ける。

「殺人大国アメリカ」は本当だろうか？国連薬物犯罪事務局がまとめた「世界殺人統計」の2004年のデータを見てみると，人口10万人当たりの殺人事件発生件数はアメリカで5.9件。南アフリカ69.0件，コロンビア61.1件，ジャマイカ55.2件，レソト37.3件，グアテマラ36.4件，ホンジュラス32.2件，ロシア29.7件などと比べると，決して多いほうではない。むしろ1.3件のエジプト，1.1件のモロッコ，0.5件の日本に近いと言ってもいいのではないか。

では，何故，アメリカ＝殺人の多い国，というレッテルが貼られたのだろうか？筆者の愚見によれば，映画も含めたメディアの影響が大きいと考えられる。

アメリカに関する情報は広くオープンになってお

り，さまざまなメディアを通じて報道されるアメリカの殺人事件の件数は諸外国のそれより圧倒的に多いと考えられる。また毎年数多くリリースされるハリウッド映画には，殺人シーンを含む作品が数多くあり，それらは非常に刺激的なものとして視聴者の印象に残る。

一方，南アフリカやレソトのみならず多くの国々で起こっている出来事に関する情報はなかなか日本には入ってこない。それゆえ事件が頻発していても，その実態は伝わって来ない。映画やドキュメンタリーが公開されているわけでもなく，彼の地の様子を想像することは困難である。

「世界殺人統計」によると，調査対象となった198の国と地域の中で，アメリカの5.9件は下から93番目であり，ほぼ中間に位置する。フランス (1.6件)，イギリス (1.6件)，イタリア (1.2件)，ドイツ (1.0件) などのいわゆる先進諸国にあっては高い数値を示すが，世界的に見れば，「殺人大国アメリカ」はイメージ先行の幻想にすぎない。

# ロマンティックな数字列

## 143
ワン・フォー・スリー

**I love you.**
「愛しているよ」

I（1文字），love（4文字），you（3文字）から。アメリカでは1990年代後半から携帯電話（cellular phone / cell phone / mobile phone）が普及し始めたが，それ以前のポケベル（pager / beeper）の頃から使われていた表現。1990年代のポケベル全盛期には，日本でも0840（おはよう），14106（愛してる），3470（さよなら）など，数字によるコミュニケーションが用いられた。ポケベル通信上の様々な制約の中で，数字情報は問題なく送受信できたためである。143はそんな事情から発生した表現が，現在でもまだ普通に用いられている例である。

※「ポケットベル」はNTTドコモの登録商標。一般名称は「無線呼出サービス」

A：You sent 143 to my pager a hundred times a day when we were dating.（付き合ってた頃は，あなた，私のポケベルに1日100回も143を送ってきたのよ）
B：I don't remember.（記憶にごじゃらぬ）

【関連表現】
**1432**（I love you too.）私も愛してる

**14344**(I love you very much.) 超愛してるよ

A：Take care, honey.（気をつけてね，ハニー）
B：U2. 14344.（あなたもね。リアルに愛してるよ）

\* \* \*

### アメリカ人の恋の駆け引き

ラテン系の男性は女性に対して情熱的だと言われる。イタリア男性は Ti amo.（ティ・アーモ）を連呼して女性をうっとりとさせ，スペイン人は Te quiero mucho.（テ・キエロ・ムーチョ）でハートを掴むという印象がある。この点，アメリカ人はどうなのだろうか。

これが，意外と慎重。すぐに声をかけて友達にはなるものの，そこから先はそんなにスピーディーではない。相手の様子を窺いながら，少しずつ話を進める。いきなり I love you. と本気で迫ったりしたら，女性に引かれてしまうと思いがちである。この点は日本人と似たようなところがある。

そのため I love you. は恋愛の初期段階では使わない。二人の愛が深まり，それこそ結婚を意識したような真剣な場面で使うべきセリフなのだ。だからこそ，軽い感じで愛情を伝えたいときは本心をオブラートに包み143のようなお遊び言葉を便利に活用するというわけだ。

ちなみにアメリカでは，日本ほど恋愛のゴール＝結婚という考え方は強くないという。

\* \* \*

数字をからめた英語表現には面白いものがいくつもある。ここではそのうちのいくつかを紹介する。

**30 cents shy of a quarter**（25セントに30セント足りない）すっからかん
- Could you lend me some money? I'm 30 cents shy of a quarter.（お金を貸していただけませんか？ 1文無しなんです）
- cf: I'm flat broke.（すっからかんです）

**10 at 2**（バーなどで最初会ったときはたいしたことないと思ったが，閉店の2時ごろになったら10点満点のいい女・男だと思うようになった）噛めば噛むほど味が出る女性・男性
- At first, I didn't like Tom, but now he is my best friend. He is a 10 at 2.（初め，トムは好きじゃなかった。でも今じゃ親友さ。付き合っていくうちに奴の良さがわかったのさ）

**in 59 seconds** 1分もしないうちに，すぐに
- I'll be there in 59 seconds.（すぐにそっちに行くよ）

**5cc bladder**（5ccしか尿をためられない膀胱）トイレが近い
- Again? You only have a 5cc bladder.（また？ ほんとトイレ近いね）

**w00t**（We owned the other team. のイニシアリズム woot の「oo」を数字の「00」にした喜び, 興奮を表す感嘆詞）やったー！勝ち！
- I got a 100, w00t!（100点だ，ヤッター！）

**01er**（値段当てクイズ番組 *The Price Is Right* で，対戦相手よりも 1 ドルだけ高く値をつけて勝利することから）相手より 1 枚上を行く人

I bought a Toyota then George purchased a Mercedes-Benz. How come he wants to be a 01er?（私がトヨタ車を買ったら，ジョージはメルセデス・ベンツを購入した。どうして彼は人より上をいこうとするのか？）

**101**（慣習的にベーシックコースの講座番号を 101 とすることから）基本，導入

All the freshers must take this 101 history course.（すべての新入生はこの歴史入門コースを取らなければならない）

**180** 180 度考え・意見を変える。心変わりする

The President 180ed and ratified the treaty.（大統領は 180 度考えを変え，条約を批准した）

# 英語で悪態をついてみる

## SOL
エス・オー・エル

**Shit Out of Luck**
「ついてねぇな〜」

out of luck（ついていない）に shit をつけて本人の強い実感を込めた表現。会話などでは丸ごと Shit out of luck. と言うことが多く，メールやチャットでは SOL のイニシアリズムがよく用いられる。

shit や damn, fuck は下品な罵り語で，公の場での使用は忌避されるが，日常的に，特に若者の間ではよく使われる。男性語というわけでもなく女性が口にすることもある。一方で，厳格なクリスチャンの中にはこれらの言葉を忌み嫌う人が多い。

A：I'm flat broke. Could you lend me some money?（すっからかんなんだ。少しお金貸してくれない？）
B：You are SOL, cuz I'm flat broke, too.（君もついてないね〜。僕もすっからかんなんだよ）

◆ Just my luck. や Today is not my day. も「ついてない」というときによく使う。

◆ '71年制作のサンフランシスコを舞台にしたアクション映画 *Dirty Harry* で，C・イーストウッド扮する主人公が放つ名台詞は "Go ahead. Make my day."（さあ，撃ってみな。俺が勝っていい日になるさ）。こ

れをもじった "Go ahead. Make my lunch."（さあ，俺の昼飯を作りな）という冗談もある。

* * *

## Oops から Fuck まで

ちょっとしたミスをしたときなど，日本人なら独り言で「あっ」「くそっ」と発したり，「畜生」「馬鹿野郎」などと罵ったりする。感情のありようで悪態のつきかたが変わるのは洋の東西を問わない。英語の悪態のバリエーションを見てみよう。

ボールペンを落としたり，ちょっとしたヘマをしたときは Oops / Whoops（ウップス）。「あっ」「あら」に相当し，悔しさの度合いは低い。

次に Damn. や Damn it., God damn it.。これは「畜生」クラスの充分な罵り言葉であり，人前では通常用いることのできない禁忌表現である。ことに "God—" は神を冒涜する言葉としてクリスチャンの人々からは忌み嫌われる。なお damn よりも穏やかな言い方として darn という語もある。

さらに怒りが増すと Shit. となる。意味も使い方も日本語と同じで「くそ」「くそったれ」。汚い言葉ゆえメディアでは s**t と表記されたりする。

17頁でも紹介した Fuck. は極めつけの罵り語で，さしずめ日本語では「馬鹿野郎」「この野郎」の類かもしれない。最も下品と言っていい言葉であるため，英語ネイティブでない日本人は用いない方が無難である。

# 擬音語の代表格

## ZZZ
ズィー

### nap
「仮眠」

いびきの擬音語（onomatopoeia オノマトペア）である zzz がそのまま「仮眠」という意味を持ったもの。z-z-z や ZZZ と綴ることもある。電動のこぎりや羽虫の「ブーブー」という擬音語にもなる。名詞として使うときは Z's と綴る。

- A : I'm exhausted.（バテバテ）
- B : You should catch some Z's.（少し寝たほうがいいよ）

◆寝るつもりがないのについウトウトしてしまうのは doze off。寝るつもりで軽く寝るのは nap で，猫の居眠りと関連付けて catnap と言うこともある。

- I dozed off during class.（授業中，ついウトウトしてしまった）
- I took a thirty-minute nap after lunch.（昼食後 30 分の仮眠を取った）
- Cats catnap all the time.（猫はいつでも居眠りしている）

\* \* \*

### 英語の擬音語（オノマトペア）

英語にも数多くのオノマトペアがある。そのいくつかを紹介しよう…。

音そのものが擬音語になるのが基本だが，以下に示すように，英語では，動詞一語で擬音語になるケースが多い。また，例えば giggle で「クスクス笑う」というふうに，動詞だけで「擬音＋動作」を表してしまうことも多い。すなわち，その動詞単独では擬音を表し，文の中で使われれば「擬音＋動作」を表す。それが，「英語には擬音が少ない」という印象の原因かも知れない。

擬音語は擬声語（いずれも英語では onomatopoeia）ともいい，広義には擬態語（mimetic word）も含む。本項では，擬音語・擬声語・擬態語を区別せずに，オノマトペアとして集めた。また，擬音語の多くは，同じ音を繰り返す特徴があるが，ここでは紙面の都合上，不自然にならない場合は一語で代表させた。

以下，「　」内は日本語音，［　］内は英語音。

## 1．音そのものに由来するもの

・笑い声「ハハハ」: ha ha ha ［ハハハ］
・赤ちゃんの喃語「バブー」: gagagoogoo ［ガーガーグーグー］
・豚の鳴き声「ブー」: oink ［オインク］
・牛の鳴き声「モー」: moo ［ムー］
・女性の叫び声「キャー」: eee ［イー］
・喜びの声「ヤッホー」: yahoo ［ヤフー］
・くしゃみ（ハクション）: achoo ［アチュー］
・おならの音「プー」「ブー」: poooot ［プートゥ］, verrrnnttt ［バーントゥ］

- 息切れ「ゼーゼー」「ヒーヒー」：wheeze［フィーズ］
- 爆発・破裂音「ドカーン」：kaboom［カブーム］
- 偉そうにする「エヘン」：ahem［アヘム］
- 痛いとき「イテッ」：ow［アウ］, ouch［アウチ］

## ２．動詞由来のもの

- 薪が燃える「パチパチ」, 小枝が折れる「ポキ」：crackle［クラクル］

Logs were crackling in the fireplace.（薪が暖炉の中でパチパチ燃えていた）

- 息を呑む「ハッ」「ゲッ」, あえぐ「ハーハー」「ゼイゼイ」：gasp［ギャスプ］

"I can't run any farther," Pat gasped.（「もうこれ以上走れない」とパットがハーハーあえいだ）

- 激突する「ガシャーン」「ドカーン」, ぶん殴る「バシッ」「ボコボコ」：smash［スマッシュ］

Jim's car smashed against the fence.（ジムの車が塀にガシャーンと激突した）

- 犬などが臭いをかぐ「クンクン」：sniff［スニフ］

The police dog sniffed the bag for drugs.（その警察犬は麻薬を見つけようとしてカバンの臭いをクンクンかいだ）

- キスする「チュッ」：smooch［スムーチュ］

David and Susan smooched in the club.（デイヴィドとスーザンはクラブでチュッとキスをした）

- 軽蔑して笑う「クスクス」, 馬がいななく「ヒヒーン」：snicker［スニカー］

Some students snickered at Mr. Martin. （何人かの生徒がマーティン先生をバカにしてクスクスと笑った）

・げっぷをする「グェー」: burp［バープ］

It is rude to burp while eating. （食事中グェーとげっぷをするのは失礼です）

・やじる「ブー」: boo［ブー］

Boo! （引っ込め！ブー！）

・恐怖などで甲高い声を上げる「キャー」「ギャー」: screech［スクリーチ］

Danielle screeched when she saw a ghost. （お化けを見たとき，ダニエールはキャーと叫んだ）

・タバコ・煙を吹かす「プーッ」「フー」「プカプカ」: puff［パフ］

The truck driver puffed on a cig. （トラックの運転手がフーとタバコを吹かした）

※ cig は cigarette の簡潔語

# 第3章

# 生活に根ざした英語略語

アメリカ人の習慣や生活様式に深く関わる英語略語。言葉を通してアメリカ人の日常が具体的に浮かび上がってくる。

生活・日常

# ハンバーガーショップへの愛着

## 【 Mickey D's 】
ミキディーズ

**McDonald's**
「マクドナルド」

　ハンバーガーショップのマクドナルドは，120カ国を越える世界展開を果たしている，外食産業において最大規模の会社である。子供から親しまれていることもあり，各国でも様々な pet name（愛称）がつけられている。Mc が Mickey となるには，国民的アイドルキャラクターの Mickey Mouse の影響が大きいと思われる。ちなみにやはり全米のみならず世界に展開する BK（Burger King）や KFC（Kentucky Fried Chicken）には，このように広く認知される愛称はない。

A：I'll buy you some.（何か奢るよ）
B：I want to eat hamburgers at Mickey D's.（マックでハンバーガー食べたい）

### 【関連表現】

**Mackey-D's**　マクドナルドのイギリスでの愛称
**Macca's**　オーストラリアでの愛称

◆アメリカでは愛着のある人や物の，特にファーストネームを変化させて愛称とすることで，親愛の感情を示す。

A：My first name is Takashi.（ファーストネームはタ

カシだよ）

B：Then, I will call you Taka.（じゃあ、タカと呼ぼう）

◆ Paul McCartney の Mc はアイルランド系、Douglas MacArthur の Mac はスコットランド系で、いずれも「〜の息子」の意。従って McDonald は「ドナルドさんの息子」であり、さらに "〜's" は「〜のお店」であることを示す。

The family name "McCartney" implies that the person is of Irish ancestry.（マッカートニーという姓は、その人がアイルランド系であることを示す）

\* \* \*

## アメリカ人とハンバーガー

McDonald's は全米各地において約 13000 の店舗を持ち、業界第 2 位の Burger King の約 7600 を大きくリードしている。また、Wendy's は全米の店舗数 6500 を超えて、これらに続く規模の事業を展開している。

この他にも、通常のメニューには載っていない「秘密のメニュー」が楽しめる IN-N-OUT Burger、朝食メニューが夜 11 時から翌朝 11 時までというテキサスやニューメキシコの南部を中心とする Whataburger、南西部の中高年に人気の Hardee's、店の駐車場で待機していると、ローラースケートを履いた店員が注文したハンバーガーを持って来てくれる SONIC など、個性豊かなハンバーガーショップが、アメリカ人の生活を彩る。

しかしその一方で，特に貧困層におけるハンバーガーの過度な摂取と肥満との関連を懸念する声も聞かれる。

# アメリカのコンビニ事情

## Sevvy
セヴィー

### 7-Eleven
「セブン・イレブン」

　西海岸の若者たちがセブンイレブンを親しみを込めてこう呼ぶ。音の響きがいいこの愛称は seven と savvy（有能な，物知りな）のカバン語と見ることができる。アメリカ人の間に，親しみのある人や物の名称を愛称で呼ぶ習慣があるのは前項 Mickey D's で触れた通り。音が似た愛称としては Chevrolet（シボレー）を Chevy とする例がある。10代の若者の間に広まった言葉が一般に定着していく傾向があり，sevvy もまだ新しい言葉ではあるが，これから普及していくと予想される。

A：Where are you going?（どこに行くんだい？）
B：Sevvy, to buy some water.（セブン・イレブンに水を買いに）

◆セブンイレブンが日本への上陸を果たしてすぐの頃，「セブン-イレブン いい気分」というキャッチフレーズが用いられた。アメリカでこれに当たるのは "Thanks heaven, Seven Eleven."（ありがとう，セブン・イレブン）である。Heaven（天国）にいる神様に感謝している意味合いになるが，日米ともに店名と韻を

踏んでいるところが面白い。

A：I'm gonna give you 100 bucks.（100ドルあげるよ）
B：Thanks heaven, I can go to see the concert.（助かった！これでコンサートに行ける）

◆英語で「セヴィー」と言えば sevvy よりも sevy（＝ seventh grader：7年生。日本の中学1年生に相当）を想起させる。しかし seventh grader を sevy と呼ぶのは、「1年生」を「1年坊主」と呼ぶようなニュアンスがあり、軽蔑的な意味が込められる。

A：What do you think of being called a sevy?（セヴィーと呼ばれてどんな気持ち？）
B：I feel as if I were the lowest on the totem pole.（トーテム・ポールの1番下にいる気分だよ）

\* \* \*

## 意外に少ないコンビニの店舗数

日本に比べ、アメリカにはコンビニエンス・ストアの種類が極端に少ない。筆者がロサンゼルスに滞在していたときに実際に目にしたのは 7-Eleven と Famima だけ。7-Eleven の店舗数も日本の約 12000 店に比べてアメリカは約 5500 店と半分以下だ。

アメリカでは、薬局と日用雑貨店を兼ねたドラッグストアや、歯ブラシ、コピー用紙から生鮮食料品、惣菜までそろった品数豊富なスーパーマーケットがそこかしこに点在する。しかも、これらの多くが大型店舗で 24 時間営業ということもあり、皮肉にもコンビニよりも convenient であると言える。

筆者の印象としても，コンビニに水やジュース，ビールなどは買いに行くが，食料品は美味しくないので敬遠しがちだった。グアムやロス，ニューヨークなど，日本人が多く行き交う街角のコンビニではおにぎりも売っているが，「ロウソクを齧っているようだ」という消費者の声を聞く。

　7-Elevenを産んだ国ではあるが，ドラッグストアなどに押され，コンビニエンス・ストアは今ひとつ精彩を欠いているのがアメリカの現状だ。

## ヒップホップ文化の象徴

# B-boy
ビー・ボーイ

**Break boy**
「ブレイクダンスを踊る少年」

1970年代，DJたちは，曲の中でも歌詞のないビートだけからなる break と呼ばれる部分をプレイし，それに合わせて少年，少女たちが熱狂的に踊った。これが break boy（girl）という呼び名の始まり。のちに B-boy, B-girl という省略語が生まれた。Bは Black の B ではない。彼らの踊るブレイクダンスは英語では break-dancing。

ヒップホップはブレイクダンス，ラップ，DJ，グラフィティー（落書き）からなる複合文化。日本では B-boy, B-girl は「B系」と呼ばれるが，アメリカとは違って広義に解釈され「ヒップホップ系少年少女全般」を指す。

A：My bro is a B-boy.（兄ちゃんはBボーイなんだ）
B：What he wears shows that.（服装を見ればわかるよ）

◆ B-boy は「ブレイクダンスをする」という意味の動詞としても使われる。

A：Wanna B-boy?（一発踊るかい？）
B：Why not?（いいねぇ～）

\*　\*　\*

# ヒップホップ概説

黒人たちの自由，平等，解放を求める公民権運動は1950年代から始まった。ジョン・F・ケネディーは'61年に「大学や企業が積極的に黒人や少数民族を受け入れるべし」というアファーマティブ・アクションを大統領命令とした。'64年にはジョンソン大統領が「すべての人が人種や肌の色，宗教などで差別，分離されてはならない」とする公民権法を制定し，法律上は人種差別は消えた。

しかし，現実的にはその後も白人による黒人差別は続いた。白人警察による黒人虐殺，白人至上主義団体KKK（クー・クラックス・クラン）による黒人リンチ。'68年には，公民権運動の牽引車だった黒人指導者キング牧師が暗殺された。

一方音楽の世界では，60年代に黒人のベリー・ゴーディーJrが設立したモータウン・レコードが全米を席巻し，ミュージック・シーンでブラックとホワイトが融合した。70年代に入ると，ボブ・マーリーらの活躍でレゲエが隆盛を極めた。

70年代のヤング・ブラック・ジェネレーションの人種差別・貧困に対する不満・怒りは，ベトナム戦争反対といった政治的運動だけではなく，モータウンやレゲエを土台にして，独自の新しいポップカルチャーの創造にも向かったと考えられる。こうして生まれたのがヒップホップという文化だと言えそうだ。

そして21世紀。ヒップホップは，かつての熱を帯びたまま，よりファッション性を強め，肌の色や国境を越えて世界中に広まった。ビートと言葉でメッセージを伝えるラップミュージシャンやDJ。ほとばしる汗で自己表現するブレイクダンサー。グラフィティーを媒体に自分達の世界を描くアーティスト。様々な要素が絡み合う複合的文化ヒップホップは，人種，民族，宗教，思想が独自性を保ちながら混在するサラダボウル状になった現代アメリカを象徴する現象だ。

## アメリカ版お袋の味

# BLT
ビー・エル・ティー

**Bacon, Lettuce and Tomato**
「BLT サンドイッチ」

　ベーコン（bacon）とレタス（lettuce）とトマト（tomato）を挟んだ，アメリカでは定番のサンドイッチ。BLT は材料の頭文字を並べたものだが，この 3 文字はアメリカ人にとって非常に馴染み深く，愛着を感じるイニシアリズムとなっている。

A：Mom, what are you cooking for the picnic tomorrow?（ママ，明日のピクニックのお弁当何？）
B：Of course, your favorite, BLT's.（もちろん，大好物の BLT よ）

◆他にアメリカで人気のサンドイッチと言えば，Club(house) Sandwich と PB&J が挙げられる。

　前者はニューヨークのギャンブルクラブで考案されたとも，カントリークラブで出されたのが始まりとも言われる。大き目のパン 3 枚の間にターキーやチキンなどを挟んだ二層構造のサンドイッチ。日本での呼称は（アメリカン）クラブハウスサンドイッチ。

　後者は Peanut Butter and Jelly のことでピーナツバターとジャムを挟んだ，子供向けのサンドイッチ。Jelly はジャムのこと。

A：How many club sandwiches would you like?（クラブハウスサンドはおいくつ召し上がりますか？）

B：Just two, please.（2つお願いします）

A：Man, I would go for some PB&J.（なあ，ピーナツバタージャムサンド食べたいよ〜）

B：Oh, I have some for you.（お前の分もあるよ）

◆ BLTとClub(house)Sandwichは可算名詞，PB&Jは不可算名詞。

\* \* \*

## ハンバーガー VS サンドイッチ

ハンバーガー vs サンドイッチ。この永遠のライバル，アメリカではどちらが人気者なのだろうか。筆者のアメリカ滞在体験から考察してみる。

まずは外食産業の面から。ハンバーガーショップは店舗数順に McDonald's, Burger King, Wendy's と大型チェーンが展開している。これに対し，よく見かける大手サンドイッチチェーンは SUBWAY だけだった。しかしながら SUBWAY は全米店舗数第1位の外食産業である。これに加えて Seattle's Best Coffee, The Coffee Bean, Pete's Coffee, Starbucks などのコーヒーショップでは専らサンドイッチが販売されている。また Hard Rock Cafe, Planet Hollywood, T.G.I.FRiDAY'S などのカフェレストランではハンバーガーとサンドイッチがほぼ同数メニューに載っているから話はややこしい。

次にアウトドアでの人気面から。遠足やハイキン

グでは,冷めてしまっては美味しくないハンバーガーではなく,お母さんは子供たちに PB&J を作ってあげるのが一般的である。その一方でキャンプなどで BBQ(Barbecue)をするときはハンバーガーを食べることが圧倒的に多い。

結論としては,日本で言うところの「うどんとそば,どっちが人気」と同じような比較となりそうであるため,この勝負は引き分け。

ただ,ごく個人的意見を述べさせていただくと,小学校の遠足のときママが作ってくれた PB&J や BLT を懐かしがるアメリカ人が多いという点で,「お袋の味」,サンドイッチに軍配を上げたい。

# オートキャンプという娯楽

## RV
アール・ヴィー

**Recreational Vehicle**
「キャンピングカー」

日本でRVと言えば「レジャー」「自然に親しむ」「オフロード」などを連想させ，四駆，レジャー用品の積載が十分可能なワゴン，ミニバン系統の車を指すのが普通。一方，RVの本家本元のアメリカでは，キッチンセットやベッドが付いているキャンプ用の大型自動車をRVあるいはmotor home, camperと呼ぶ。なお，キャンピングカーは和製英語。

A: Let's go to the Colorado River in my RV.（僕のキャンピングカーでコロラド川に行こう）

B: Maybe a three-day trip.（2泊3日でね）

◆RVは「RVでキャンプをする」という意味の動詞にもなっている。「RVでキャンプする人」はRVer，その「キャンプ場」はRV park。なお，日本語の「オートキャンプ」は英語でauto-campingだが，RVingと言うほうが一般的。

A: Do you like RVing?（RVでキャンプするの好き？）

B: Of course.（もちろん）

A: Many RVers come to the city of Biloxi for weekends.（週末には多くのキャンピングカー族がバイ

ロクシーにやって来る）
B：Yeah, the city has nice RV parks.（うん。その市にはキャンピングカー用の素晴らしい公園があるからね）
※バイロクシーはメキシコ湾に面するミシシッピー州の都市。

\* \* \*

## RVerたちの様々な形

ミシガン大学が行った調査によると，自動車を所有している世帯の約1割がRVを持っており，2010年にはRV世帯は800万世帯3000万人に達すると予測された。全米の10人に1人強がRVerになる計算だ。MLB（Major League Baseball）をNational Pastime（国民的娯楽）と呼ぶように，RVing（RVでキャンプすること）をNational Recreation（国民的レクリエーション）と呼びたくなる勢いだ。

人気の秘密はその手ごろさにある。とかく金持ちの道楽と思われがちなRVingだが，実態はそうではない。新品のRVは1億円超のものもあるが，50万円前後とリーズナブルなものも数多く市場に出回っている。中古車の品揃えも豊富で，長期低金利RVローンも充実。さらに，行き先も選り取り見取りで，国営，州営，私営のRV parkが全米でおよそ2万カ所もあるという。こういった理由から，RVingは一般庶民が気軽に楽しめるレクリエーションとなっている。

RVerの多くは，週末や休暇を利用してRV parkなどで数日から数週間を過ごす「短期滞在型」。家族と

自然を愛し，家族との想い出作りのためにハンドルを握るのである。一方，都会生活やステレオタイプな生き方に疲れ，疑問を感じる人たちの中には，RVを住み家としてアメリカ全土を点々とする「半永住型」RVerもいる。こういったgypsy（ジプシー＝放浪生活者）やbohemian（ボヘミアン＝慣習などにとらわれず気ままに生きる人）的人々は，働く必要のない富裕層か，野山・川での漁猟生活者が大半。その豊かさや自由さ故に羨望の眼差しを向けられることもあるが，一カ所に留まらず落ち着きがない者としてnomad（ノマド＝流浪の民）さらにはdéraciné（デラシネ＝根無し草）と揶揄されることもあるらしい。

## 英語で謝る際の留意点

# SS
エス・エス

**So sorry**
「マジ, ごめん」

So sorry. 自体が短く簡明なので, SS が会話で用いられることはまずない。SS は主に気心の知れた仲間同士のメールやチャットで, 笑って済まされる程度の過失に対する謝罪として使われる。

また, So sorry. は謝罪のほか「可哀相に」「お気の毒様」という同情の意を表すことがあるが, SS にはその意味は含まれない。

A：My mom passed away. （母が亡くなりました）
B：I'm so sorry. （まあ, お気の毒様）

◆簡潔な謝罪表現は以下の通り。

- **Forgive me.** 許して
- **I ask you for forgiveness.** 許しを乞う
- **I beg your pardon.** お許し願いたい
- **I owe you an apology.** あなたに謝らなくっちゃ

\* \* \*

| 謝罪表現のニュアンス

I'm sorry. のほうが Excuse me. よりも深刻な謝罪だ, と一般的に言われる。それも確かだが, 筆者は経験上,

次のような使い分けもあると感じている。すなわち、何か迷惑をかける可能性がある場合，つまり迷惑の事前には Excuse me., 何か迷惑をかけてしまった後には I'm sorry. を用いるのだと。

Excuse me. On your left.(すみません。左側を通ります)と「事前警告」。I'm sorry. That's my bad. (ごめんなさい。私の間違いでした)と「事後謝罪」。また，相手の話が聞き取れなかったときにも「事前謝罪」の Excuse me? (すみません，ご迷惑をおかけしますが，もう一度言ってもらえますか？)と「事後謝罪」の I'm sorry?(ごめんなさい，聞き取れませんでした。何ておっしゃいましたか？)とが半ば無意識のうちに使い分けられている。

このように，アメリカ人もよく謝る。が，自分が不利になることが想定される場合には，頑なに謝罪を拒否することがある。これは，筆者がプロ野球の通訳をしていたきに経験したこと。アメリカ人選手が遠征先でユニフォームを間違えた。ビジター用の青ではなく，ホーム用の白を持ってきてしまったのだ。筆者が，「監督に謝りに行こう」と言うと「いやだ。俺は悪いことはしていない。謝る必要はない」と逆ギレ。そこで「じゃあ，事情を説明しに行こう」と説得すると「それなら OK」と納得した。

彼にとって apologize と explain の差は大きかったようだ。

# God を用いたアメリカ英語

## OMG
オー・エム・ジー

**Oh, my God.**
「おや，まあ」

　敬虔で厳格なクリスチャンは，「軽々しく God という言葉を口にしてはいけない」と考え Oh, my God. の乱用を避ける。しかし一般的には，そこまで神経質になる人は稀。単なる相槌，口癖として気軽に使われているのが現状だ。

　日本でも同様のことが言えるが，手紙や電報など書き言葉による交信の文章は会話文とははっきり異なっていた。それがメールの普及とともに，書き言葉の中に会話文が入り交じるようになった。その結果，Oh, my God. のような会話上の慣用句もメールに入り込んできた。若い世代，特に十代の女の子は言語的柔軟性が高く，OMG という略語にして簡便性を高め活用するに至った。

A：Did you know that Ne-Yo is coming to town?（町にニーヨがやって来るって知ってた？）

B：OMG, I'm dying to get his autograph.（やったぁ，めっちゃサイン欲しい）

※ Ne-Yo はアメリカの人気 R&B シンガー。

◆アメリカ社会の PC 感覚（119 頁参照）としては，

特定宗教の色彩を強く打ち出すことを回避したい。よって Oh, my God. と音が似ている婉曲表現，Oh, my goodness. (goodness は「良い状態」)や Oh, my gosh. (gosh は god の遠回し語)，さらには Oh, my days. などが同じ場面で使われることがある。

\* \* \*

## 神様関連の表現

God を使った表現はたくさんある。God knows.「神のみぞ知る」，God bless you. (くしゃみをした人に向かって)「神様のご加護がありますように」，The President will visit South Korea, God willing.「よっぽどのことがない限り，大統領は韓国を訪問する」，What in God's name did you say to her? (怒った口調で)「一体全体お前はあの子に何て言ったのだ！」，I passed the exam. It's a miracle. There is a God!「合格した。奇跡だ。神様はいるんだ！」

また神様の「所在地」heaven を用いた表現も多い。Heaven knows.＝God knows. (神のみぞ知る)，For heaven's sake, give me a break. (お願いだからいい加減にして)，The heavens opened. (大雨が降り始めた)，The doctors would move heaven and earth in order to save the patients. (医者達はその患者達を救うために全身全霊を尽くしている)。

## 花の金曜日

# TGIF
ティー・ジー・アイ・エフ

**Thanks God it's Friday**
「やった，金曜日だ！」

日本ではバブル経済全盛の 1990 年前後，「花の金曜日」（略して花金）と称し，勤め人は翌日に休日を控える金曜の夜に遊び回る風潮があった。「花金」は言われなくなって久しいが，TGIF はその英語版。休前日をありがたく思うのは洋の東西を問わない。

A：TGIF! Wonderful!（やった，金曜だ！最高！）
B：No more work for two days!（二日間休みだ！）

◆ TGTF＝Thanks God, tomorrow is Friday.（やった，明日は金曜日だ）というスノークロン（80 頁参照）があるが，TGIF ほどは使われない。

A：It's been a long week.（一週間長かったな～）
B：But TGTF.（でも，明日は金曜日だ。やったね）

◆このイニシアリズムを店名にしたのが T.G.I.FRiDAY'S。全米有数のカジュアルレストラン・バーで，日本でも渋谷，六本木，横浜などに出店しており，店の雰囲気，メニューともに古き良き時代のアメリカを堪能できる。

## 【関連表現】
**Blue Monday** 憂鬱な月曜日

※1週間の始まりだから。

**Super Tuesday**　各州の大統領予備選挙が集中する火曜日

※伝統的に選挙日を火曜日とすることで参政者が投票しやすくした。国土の広いアメリカでは，投票日を月曜とすると地域によっては選挙会場に到達できない人もあり得たからである。

**Wednesday is hump day.**　水曜日が峠

※humpは「こぶ，低い丘」1週間を山にたとえると，その一番高い部分だから。

**Black Thursday**　ブラックサースデー

※1929年10月24日のWall Street株価大暴落始まりの日。

**Friday, the 13th**　13日の金曜日

※英米，フランスなどのキリスト教圏で不吉とされる日。

**Saturday night special**　安物の小型拳銃

※週末に，この小銃を使った犯罪がよく起きたから。

**Bloody Sunday**　血の日曜日事件

※元々は1905年1月22日，当時のロシア帝国で起きた労働者と国家との紛争。アメリカでは，黒人の地位向上を目指した公民権運動の最中，1965年3月，警察とデモ隊の間で起こった衝突を指す。

\* \* \*

| アメリカ人の「酒と女と個人主義」 | 「アメリカにキャバクラは必要ない」とアメリカ人男 |

性が言う。「日本男児はシャイだから，道端や酒場で見知らぬ女の子に声をかけられない。結局，キャバクラに行ってお金を払って話し相手になってもらう。

ただ話をするだけなのに，何でお金をあげるの？アメリカで，男が女に金を払うのは，そのほとんどがセックス目的のときだよ」（注：売春は，ネバダ州の特定地域以外では違法）。

アメリカでは，一人でバーやクラブへ繰り出す人が多い。会社の同僚やサークル仲間と連れ立って，という日本的メンタリティーは希薄だ。「話し相手は(男でも女でも)現地調達」という考えが定着している。それが可能なのは，初対面の人がくしゃみをしただけでも (God) Bless you.（神様のご加護がありますように）でコミュニケーションが始まるお国柄だからだ。日本では，女性の一人客は「おひとりさま」と呼ばれ，ある種のトレンドになっているが，アメリカではごく日常的風景だ。

ちなみに，アメリカ人にも「馴染みの店」(hangout)はあるし，「常連さん」(regular) もいる。しかし，こと「一人酒」については，それが当たり前の彼らには，その言葉から日本人が連想する「わびしさ」「寂しさ」といった特別な感情はなく，従って，ただ単に drink by oneself という文字通りの英語しかない。

# 「死」にまつわるアメリカの諸事情

## RIP
アール・アイ・ピー

**Rest in peace.**
「安らかに眠れ」

弔辞で May he rest in peace.(彼のご冥福をお祈りします)のように使われる決まり文句。墓碑に刻まれる際は,rest in peace の部分がイニシアリズム化され RIP となることもある。また墓碑に刻まれた墓碑銘(死者の経歴・業績を記す銘)を epitaph という。

There are no letters of RIP or epitaph for Marilyn Monroe.(マリリン・モンローを弔う「安らかに眠れ」の文字も墓碑銘もない)

※マリリン・モンロー(1926-1962)は,故郷ロサンゼルス西部のウエストウッド・ビレッジ・メモリアルパーク・セメトリーに眠っている。そこはビルの谷間にあるひっそりとした墓地である。

◆ 1969年,アポロ11号月面着陸成功の裏では,万が一の悲劇を想定して,ニクソン大統領が読むべき,以下の弔辞原稿が用意されていた。

Fate has ordained that the men who went to the moon to explore in peace will stay on the moon to rest in peace.(無事,月探査に向かった男たちは,月で安らかに眠る運命にあった)[TIME MAGAZINE 2008年11月13日]

◆人の死にまつわる表現。その性格上，様々な遠回し表現がある。

He is dying.（彼は死にそうだ）

→ He is on his death bed.（彼は死の床にある）

He died.（彼は死んだ）

→ He passed away.（彼は亡くなった）

→ He kicked the bucket.（おっちんだ。くたばった）

※ユーモラスな俗語表現。首つりをする際，乗っかったバケツを蹴飛ばすことから。

→He met his Maker.（天国に召された）

※ Maker は天におられる創造主，神。「創造主」の場合 "m" は大文字となる。

## アメリカの葬儀・埋葬事情

多種多様な民族，宗教が混在するアメリカでは，葬儀の形態も様々。また都市部と田舎とでは風俗風習も違うため，なおさら一括りに論じることはできない。ここでは日米の葬儀をごく一般的に比較してみたい。

日本の地方紙では，一般人の黒枠広告（死亡記事：obituary）が出るが，これはアメリカでも同様で，著名人でなくても地元の新聞社に連絡し，死亡記事を載せてもらう。そこには，葬儀日程や墓地の場所などに関する情報が書かれており，知人，友人たちはそれを頼りに葬儀に参列する。

日本との顕著な違いは，喪服（mourning）を着ないで葬儀に出席する人もいることだ。死を「悲しいお別れ」として捉える傾向が強い日本に比べ，アメ

リカでは「神の元へ向かう新たな旅立ち」と考え，祝祭的な彩りが加わることもある。淡いピンクのドレスなど，過美にならない程度の装いや平服で列席することも珍しくない。

またアメリカでは，エンバーミング（embalming）と呼ばれる「遺体保存術」を施すことが多い。人が死ぬと，その血液を抜き取り，防腐剤を注入する。また，日本では，遺体は白装束に包まれるのが一般的だが，アメリカでは，生前故人が好んで着ていた服や，ビジネスマンならスーツを着せたりして棺に納めることもある。

70％近くが土葬のアメリカ。キリスト教では，世界の最後にすべての死者が甦り，神によって裁きをうける（最後の審判）とされている。この復活信仰の影響で，火葬が禁忌となった。しかし，移民が増えて火葬をする他宗教が入り込んだり，ビルが立ち並んで土葬するスペースが減ったなどの理由で，1990年代ごろから徐々に火葬が増えている。

## アメリカ人の大笑い

# LMAO
エル・エム・エイ・オー

### (I'm) laughing my ass off.
「大爆笑」

　直訳は「笑ってお尻を吹き飛ばす」。大柄のアメリカ人は尻も大きいが，それさえも笑い飛ばしてしまうくらいの大笑い。イニシアリズムでコミュニケーションする場合は，大っぴらには笑えないことを指す場合も多い。

A：Have you noticed that Mr. Robert is wearing a wig?（ロバート先生カツラだったって知ってた？）
B：No way! LMAO!（マジ？超ウケル！）

### 【関連表現】

**LOL**（= laugh out loud: 大声で笑う）もよく使われる。

A：Someone laid a silent but deadly one during the class today.（誰かが今日授業中にすかしっ屁こきやがった）
B：LOL!（爆）

※ a silent but deadly one は「音はしないけど死ぬほどすごい一発」ということから「すかしっ屁」という意味になった。

◆ funny よりずっとおかしい，すなわち super funny（超おかしい）は hilarious。

A：LMAO!（腹よじれるー）
B：Mick is hilarious like Howard Stern.（ミックはハワード・スターンみたいにオモロイ）

※ Howard Stern: アメリカのコメディアン。過激なジョークで人気がある。

◆「～を（死ぬほど）笑わせる」は "kill～"

A：What kind of girl do you like?（どんな女の子が好きなの？）
B：A nipple dancer.（乳首踊りする女）
A：You are killing me.（だめだ，笑い死ぬ～）

\*　\*　\*

| **お笑いいろいろ**

昔，と言っても昭和40年代くらいまでは，アメリカ人の仕草のモノマネといったら，相手の肩をポンポン叩きながら「WAHAHAHA」と大笑いするのが定番だった。日本人にはないものとして，体全体を揺らして発する，底抜けの笑い声はアメリカ人の強い印象となっていたのだと思う。

そのアメリカ人のお笑いだが，一人でマイクの前に立つ，あるいはマイクを握って，観客に語りかけたりやり取りするピン芸人（stand-up comedian）が日本に比べて多い。また，ちょっと風変わりな素人数人をステージに上げて，彼らをイジクって笑いをとるというパターンも人気だ。

日本ではあまり定着していないシチュエーション・コメディー（sitcom：74頁参照）も人気がある。

レンタルショップで DVD を借りてアメリカの sitcom を楽しむ日本人は多い。

　代表的ジョークとしては，ブッシュ前大統領がテキサス州知事だったとき，死刑執行の書類に目も通さずサインしまくっていた，といった類のポリティカル・ジョーク（政治に関するジョーク），なぜメキシコにはオリンピック選手がいないか。それは，高く跳べたり，遠くまで泳げたり，速く走れる人は国境を越えて外国へ行ってしまうからだ，といったエスニック・ジョーク（ある民族の民族性や，ある国の国民性を端的に表すジョーク），アメフトの試合を観戦中，選手たちが "Quarterback! Quarterback!" と叫んでいるのを聞いた金髪嬢が「たった 25 セント（quarter）を返せ返せって，セコいわね」といったブロンド・ジョーク（金髪女性を笑いにしてしまうもの），3 歳の息子に「どうしてお婆ちゃんとトイレに行くの？」と母親が訊ねると，息子が「だってお婆ちゃんの手は震えるからだよ」といったダーティ・ジョーク（下ネタ）などがある。

# アメリカ人の大好きな連続コメディ

## Sitcom
シットコム

### Situation Comedy
「連続ホームコメディ」

　Situation Comedy のカバン語。毎回違ったエピソードが展開するが，主要な登場人物や，居間のソファー，テレビ，テーブル，棚などの配置などは毎回同じセットで撮影される。アメリカでは 1926 年にラジオで始まり，現在もテレビドラマの代表的な形式のひとつである。

　コメディのジャンルとしては，他に恋愛を題材にした Romantic comedy，日本でドタバタ喜劇として知られる Slap stick，日本語でコントと呼ばれる Sketch comedy，ピン芸人が観客をくすぐる Stand-up comedy などがある。

A：Do you watch *Friends*?（「フレンズ」観てる？）
B：Of course. It's my favorite sitcom.（もちろん。一番好きなシットコムだもん）

◆アメリカの Sitcom では観客の笑い声を挿入するのが普通で，これを laugh tracks という。

A：I don't like sitcoms.（シットコム好きじゃない）
B：How come?（なんで？）
A：Because I hate those unnatural laugh tracks.（あの

∷ わざとらしい笑い声が大嫌い）

\* \* \*

## 人気を博したSitcom

*I Love Lucy* は，観客を座らせ，複数のカメラを駆使した世界初の公開録画番組。放送開始は遠く1951年だが，その人気は今も衰えず，2006年にNHKで再放送されたほどである。

「奥さまの名前はサマンサ。そして，だんな様の名前はダーリン。……奥さまは魔女だったのです」という中村正の名調子で毎回始まったのは *Bewitched*（奥様は魔女）。実はこのセリフ，本国アメリカ版には無く，日本で放送するときにのみ挿入されていた。

The Monkees は，米国版ビートルズを生み出そう，という動きの中で1965年に結成された4人組ロックバンド。その4人が繰り広げるのが *The Monkees*（ザ・モンキーズショー）。ロサンゼルス市郊外に住む冴えないミュージシャンという設定で，トンチンカンな話が繰り広げられる。

1994年～2004年まで放送され大人気だったのは *Friends*（フレンズ）。社会に出てもなかなか大人になりきれない男3人女3人が，マンハッタンを舞台に繰り広げるコメディー。都会的なライフスタイル，友情や恋愛が，風変わりなユーモアを交えて描かれている。

*Friends* とほぼ時を同じくして流行ったのが *Dharma & Greg*（ふたりは最高！ダーマ＆グレッグ）。舞台はサ

ンフランシスコ。ヒッピーの家庭で育ち，ヨガ講師になったダーマと，上流階級に生まれ育った，辣腕検事グレッグは，初対面で一目惚れ，即結婚。その後に起きる様々な騒動に巻き込まれながらも，愛に満ちた生活を送るというものだ。いずれもほのぼのとしたユーモアが観る者の気持ちを和らげる。

# パーティー好きの気質

## BYOB
ビー・ワイ・オー・ビー

**Bring your own beer.**
「ビール持参のこと」

アメリカ人はパーティー好きなのはよく知られるところ。肩肘張らないパーティーなら，事前に食べ物や飲み物の持ち寄りを歓迎するのがアメリカ流。BYOB は招待状の決まり文句だ。日本では友達同士ならよくあるスタイルだが，アメリカでは既知の関係でなくても BYOB のパーティーが催される。最後の B は，beer に限らず，bottle, booze（ビールなどのアルコール飲料全般），さらに barbecue（BBQ）の場合は beef を指すこともある。

We are going to have a house-warming. You are more than welcome. It's BYOB.（引っ越しパーティーをします。大歓迎。ビール持参で）

◆お酒や食べ物を持参することを brown-bag とも言う。昔のスーパーの袋は茶色の紙袋で，買った物をそれに入れて持参したことから。

A : Will you attend Dr. Smith's seminar?（スミス博士のセミナーに出る？）

B : No. Because it is a brown-bag seminar.（ううん。だって弁当持参なんだもん）

◆様々なパーティーの名称。

**bridal (wedding) shower/ hen party**

　結婚を控えた女性を，女性だけで祝うパーティー

**bachelor (stag) party**

　結婚前（特に前夜），花婿を祝う男性だけのパーティー

**baby shower**

　出産前のお祝いパーティー

**farewell party**

　送別会

**prom**

　高校の学年末ダンス・パーティー

**frat party**

　建前は男子大学生友愛パーティー。実質は女子を巻き込んでの乱痴気パーティー

※ frat は fraternity（男子大学生社交クラブ）の簡潔語

**house-warming party**

　新居引越しパーティー

\* \* \*

| アメリカ人の
流動性とパーティー

筆者は今までに十指に余るアメリカ人と親しく付き合ってきたが，彼らは例外なく引っ越し好きであった。中には，5年間で6回も住居を変えた人もいた。この流動性（mobility）は西部開拓時代の名残と言えそうだ。一カ所に定住することが少ないアメリカ人は，行った先々で，とりあえず即席で気の合う仲間を作る。

しかし，またすぐどこかへ移動してしまうのだから，深く付き合う必要はない。アメリカ人の人懐っこさと表面的なその場限りの親しさは，その流動性に遠因があるのかも知れない。

そんなアメリカ人が，手っ取り早く，そしてお手軽な人間関係を築くのに，パーティーは持って来いのイベントだ。そこでは，既知でも初対面でも，互いにアルコールを飲みながらリラックスした気分で会話やダンスを楽しみ，仕事や退屈な日常を忘れる。元々農耕民族で一カ所に根付く傾向がある日本人の宴会が，主に顔見知り同士が集まる仲間内の会であるのに対して，アメリカ人のパーティーは，知らない者同士が Nice to meet you.（初めまして）と軽い感覚ですぐに意気投合してしまう出会いの場としての性格が強い。

とにかく，パーティーで上辺だけ仲良くなっておき，ワイワイガヤガヤやるのがアメリカ人気質だ。

# 宗教とパロディー

## WWJD
ダブリュー・ダブリュー・ジェイ・ディー

**What would Jesus do?**
「イエス様ならどうするだろう?」

　イエス・キリストを人類救済の救世主と見なす一方,道徳的基準や行動規範として捉え,自身の行動を決定する際に「イエス様ならどうするだろうか?」と自問自答する。宗教的なイニシアリズムであり,携帯ストラップやブレスレット,Tシャツのロゴにもなっている。そこにはNYPD（90頁参照）と相通じる,権威,権力,神聖なものをパロディー化したりファッション化してしまうアメリカ人のメンタリティーが感じられる。

A: What do you do when you are in trouble?（困ったときどうする?）

B: I always think of the phrase WWJD.（いつもWWJDというフレーズを思い出すよ）

◆諺や常套句の一部を変化させる言葉遊びのことをsnowclone（スノークロン）という。社会・政治を風刺した大人向け人気テレビアニメ *South Park* では,アメリカが世界に誇るフィギュアースケーターBrian Boitanoの名前をJesusの代わりに使ったWhat would Brian Boitano do? というスノークロンが流行った。

A：Mom, I am fuckin' pissed off.（お母さん，僕，マジ，ムカついてるんだけど）

B：Watch your mouth, boy. Just remember what Jesus would say.（言葉に気をつけて。イエス様なら何て仰るか思い出してね）

\* \* \*

## スノークロン好きのアメリカ人

スノークロンを用いたアメリカ人のパロディー化，ファッション化のメンタリティーは随所に見られる。一例を挙げれば，When the going gets tough, the tough get going.（状況が困難なとき，タフな人間は塞ぎ込まず動き出す）というフットボール生まれの名言を When the going gets tough, the tough go shopping.（状況が困難なとき，タフな人間は買い物に出かける）と一捻り加えてしまうといった具合だ。他にも，シェークスピアの四大悲劇のひとつ *Hamlet* に出てくる有名なセリフ To be or not to be, that is the question.（生きるべきか死ぬべきか。それが問題だ）を捩ったものも数知れず。To drink or not to drink, that is the question.（酒を飲むべきか飲まざるべきか。それが問題だ）などと状況に応じて即興で言ってしまうこともよくある。

そのようなわけで，WWJD のスノークローンも数多く生まれる。

アップル・コンピュータ社では What would (Steve) Jobs do? と銘打って，新製品予想コンテストを開催している（※ Steve Jobs はアップル・コンピュータ社の前

CEO)。また，Jで始まる名前の友達を引っ張り出して What would Jon/ Jesse do?（ジョン/ジェシーならどうするだろう？）。バーで何を飲もうか迷ったときには What would Jesus drink?（イエス様なら何を飲むだろう？）と考える。どの車を買おうか決めかねているのなら What would Jesus drive?（イエス様ならどんな車を運転するだろうか？）などとつぶやいたりする。

# 同期生・同窓生を表す略語

## 49ers
フォーティーナイナーズ

### forty-niners
「49 年組」

1848 年にサクラメントの東に位置するアメリカン川で砂金が発見され，翌 1849 年だけでも金を掘り当てようとする山師や開拓者約 8 万人が殺到した (gold rush)。彼らは forty-niners（49ers）と呼ばれた。年代の数字に "er" が付いたもの。

A：My great-grandfather was one of the 49ers.（僕のヒイ爺さんは 49 年組だった）
B：I bet he dug holes in the mountains like hell.（必死になって山を掘ったんだろうね）

◆ 88 年生まれの人たちを 88ers，72 年卒業組を 72ers と呼ぶことも慣習的に行われている。

A：I was born in 1987.（1987 年生まれだよ）
B：Me too. Then we are 87ers!（同じだ。なら僕達は 87 年組だね）
A：Cheers!（カンパーイ！）

◆金の採鉱者たちが San Francisco に大集結したことにちなんで，この地のアメリカンフットボールチームが San Francisco 49ers と命名された。また，カリフォルニア州のニックネームは The Golden State。

## 【関連表現】

**class**（同期生）

- Most of the class of '40 went to WWⅡ.（1940年の同期生はほとんどが第二次世界大戦に行った）

**alumni association**（男子・共学の同窓会）
**alumnae association**（女子の同窓会）
**class reunion**（同窓会会合，同窓会パーティー）

\* \* \*

### アメリカ人の仲間意識

アメリカでは，先輩だから後輩に奢らなくてはいけないとか，後輩だから先輩の命令に従うといった考えは日本ほど強くない。そもそも先輩・後輩という概念が希薄である。一般の和英辞典では先輩＝senior, 後輩＝junior となっているが，実際には会話でこのような言葉が用いられることはまずない。受験でお馴染みの Jack is junior to me.（ジャックは私より若い）も，Jack is younger than I. とするほうがはるかに自然だ。

その代わり，one of my own（つながりのある人）という考え方があって，ちょっとした共通点（出身地が同じ，誕生日が一緒など）があるとすぐに You are one of my own.（仲間，仲間）と言って友達になってしまう。生まれた年や卒業年度が同じというだけで，例えば More power to 67ers!（67年組頑張れ！）と意気投合する。このあたりが，アメリカ人のあの人懐っこさの表れと言える。ただし，この結びつきはその場限りであることが多い。

\*　\*　\*

　動詞や名詞の語尾に -er を付けることで「～する人（もの）」「～に住む人」などの単語ができるのはよく知られるところ。ここではさまざまな "-er" とそれに関連する英語表現を紹介する。

**moviegoer**　映画を定期的に観に行く人

　ロサンゼルスやニューヨークには，東京や大阪などの日本の都市よりも多くの映画館や劇場がある。"-goer" としては，他に baseballgoer（野球場にちょくちょく足を運ぶ人），churchgoer（毎週きちっと教会に礼拝に行く人）など。

**goer**　させ子

　不特定多数の男性と簡単に性的関係を持つ女性。

A：I'm having a date with Cathy tonight. Do you think I can get any?（今夜キャシーとデートなんだ。一発デキルと思う？）

B：Yeah, easy easy. That broad is a goer.（簡単，簡単。あの女，させ子だぜ）

※ broad（多少軽蔑的に「女」）

**go-getter**　やり手

　クライスラーの Lee Iacocca，マイクロソフトの Bill Gates，投資家 Warren Buffett など，活動的で実力のあるビジネスパーソン，学生などを指す言葉。

The CEO of our company is a driven go-getter.（我が社の CEO は不屈の敏腕家だ）

**Maker**　創造主

（森羅万象を）作った「存在」ということで「神」を表す。また，meet one's Maker で「（天国）で神に会う」すなわち「死ぬ」の婉曲表現になる。

- Margaret met her Maker in peace last December.（マーガレットは昨年 12 月に安らかに永眠した）

**jaywalker** 交通法規・信号を無視する歩行者

African American が過半数を占める Georgia 州の州都アトランタでは，危ない横断をする黒人が多いことから，jaywalker が黒人を指す侮蔑語になった。jay は地面を斜めに飛び跳ねるカケスという鳥のこと。

- The three jaywalkers avoided capture.（3 人のジェイウォーカーが逮捕を免れた）

**New Yorker** ニューヨークの住人

-er をつけて「住人」を表す英語は，他に New Zealander（ニュージーランド人），islander（島人），villager（村人）などがある。"ite" も住人を意味する。

- Craig is a New Yorker and Hiroko is a Tokyoite.（クレッグはニューヨーカーで，ヒロコは東京都民だ）

**houser** レイブで盛り上がる人

レイブ（rave）は，大会場で電機音（ハウスミュージック）に合わせて飲み食いし踊るパーティー。houser は raver とも呼ばれる。

- Iggy DJed for the wild housers.（イギーはノリノリハウサーの前で DJ をやった）

**panhandler** 乞食

ロスの街角の所々に，loose change（ポケットに入っ

ている使わない半端な小銭を下さい）と書いたプラカードを持った物乞いが立っている。pan は「平鍋」，handle は「取っ手」。平鍋の取っ手を持って「ここにお金を入れて下さい」というニュアンス。

That panhandler approached me and begged for loose change.（その乞食は，俺に近づいてきてポケットの中の小銭をせびった）

**doomsayer** 破滅論者

disaster（災害），calamity（大災害），catastrophe（大異変）などが起きるだろうという不吉な予言をする人。doom は「破滅」「死」。

A doomsayer would predict that the Earth might be destroyed by aliens.（破滅論者なら，地球は宇宙人によって滅亡させられるかも知れないと予言するだろう）

# アメリカ流賢い考えと成功哲学

## BMTA
ビー・エム・ティー・エイ

**Brilliant minds think alike.**
「あなたと同じ意見です」

　直訳すると「賢い人は同じような考え方をする」となるが，実際には相手の意見に同意する際に用いられる。そこには「賢人」＝相手の考えの「正しさ」「もっともらしさ」を認めながら，肯定の意を冗談っぽく軽く返すニュアンスが込められる。

　「賢人」という意味の英語は，brilliant mind の他に，man of wisdom（知恵の人），sage（知恵や経験に富む老人），wise man（聡明な人），Solomon（古代イスラエル王国第3代の王。），oracle（権威者），graybeard（白いあごひげ）などがある。これらに共通のイメージとしては，男で老人で経験から様々なことを学んでいる，ということになろう。

A：I insist we eat Ramen.（ラーメンを食べようじゃないか）
B：BMTA.（同感）

◆雑誌や新聞で，取り上げた人物の思想や意見に関する記事の見出しに Brilliant minds think alike. と銘打ち，賛意を表すことがある。

◆賛成の意を表すときは，agree や sympathize を用い，

I agree(sympathize)with you there.（その点については同感です）と言うのが一般的。

## 【関連表現】

**IDTT**（I'll drink to that.）「その意見に賛成」

A：Our professor gives us too many assignments.（うちらの教授，課題出し過ぎ）
B：IDTT.（仰るとおり）

\* \* \*

### 自己啓発本の根底に流れているもの

アメリカ人は，サクセスストーリーと並んで「自己啓発本（self-help book）」を好む。このジャンルでは2006年に *The Secret* というベストセラーが生まれた。著者Rhonda Byrne（ロンダ・バーン）によれば，歴史上の成功者（賢人）たち——プラトン，シェークスピア，ニュートン，ユーゴ，ベートーベン，リンカーン，エディソン，アインシュタインは，みんなある種の成功の秘訣（The Secret）を持ち合わせていたという。彼らに共通するある種の法則を集めた，成功哲学の指南書である。同書の邦訳「ザ・シークレット」（角川書店）も出版され，日本でも随分と話題となった。

そこにはBrilliant minds think alike.という考え方が一貫して流れている。

## 「警察愛」というメンタリティー

# NYPD
エヌ・ワイ・ピー・ディー

**New York City Police Department**
「ニューヨーク市警察」

アメリカは連邦制国家で，地方自治が確立しており，各州政府がそれぞれの権限で独立に州警察を持つ。さらに州を構成する郡，市，町，村それぞれが自治権を行使し，強固な警察を運営している。合衆国全体では，警察という名のつく機関は2万にも及ぶ。全米にわたる国家警察に相当するFBI (Federal Bureau of Investigation：連邦捜査局) があるものの，日本全体の警察組織を司る警察庁のような組織ではなく，複数の州にまたがる犯罪やテロなど国家を脅かす重大犯罪の捜査がその任務。NYPDは，日本で「ニューヨーク市警」として知られる「ニューヨーク市警察」のイニシアリズム。

:: The NYPD arrested the suspect in Manhattan. (ニューヨーク市警はその容疑者をマンハッタンで逮捕した)

◆NYPDは，新聞，書籍，テレビ，ラジオなどで頻繁に使用される。その一方で，デザイン，ファッション化され，Tシャツや帽子などにNYPDのロゴ (logo) が多用されている。

:: A：How do you like this cap? (この帽子どう？)

B：Looks good. The NYPD logo goes well with the shape of the cap.（いいじゃん。NYPDのロゴが帽子の形と合ってるよ）

## 【関連表現】

**LAPD**（Los Angeles Police Department）
ロサンゼルス市警察。

**DEA**（Drug Enforcement Administration）
麻薬取締局。

**CIA**（Central Intelligence Agency）
中央情報局。

**FDNY**（Fire Department of New York City）
ニューヨーク市消防局。

**LAFD**（Los Angeles Fire Department）
ロサンゼルス市消防局。

\* \* \*

## 軍・警察・消防と市民感情

アメリカでは，以前から軍人，警察官，消防士は映画の中で正義，強さ，格好良さの象徴として描かれてきた。そんな中，2001年の9.11同時多発テロで，軍，NYPD，FDNYは身の危険を顧みず，捨て身で被害者の救助にあたった。人々は彼らに感動を覚え，賞賛を浴びせ，英雄と崇めた。アメリカ人がNYPD，US Armyなどのロゴ入りTシャツや帽子を身に着けるのはそんな理由からだ。

日本では警察に魅力を感じる人は，特定の人を除いてはあまり一般的ではなく，身につける物にロゴ

を使用することもない。イギリスやオーストラリアでも，軍や警察に敬愛の念を抱く人たちはいるだろうが，Tシャツや帽子にそのロゴを入れるような親しみかたとはほど遠い。

　なお，このような市民感情はニューヨークに限られたことではない。筆者がロサンゼルスに滞在していた頃にもLAPDのロゴが入りTシャツや帽子を街中でよく見かけたし，メディアではfire fighter（消防士）の活躍が頻繁に番組や記事で報じられていた。

　軍，警察，消防への親しみは，アメリカ全土にわたって市民が共有する感覚のように思われる。

# 英語になったフランス語

## RSVP
アール・エス・ヴィ・ピー

### Répondez s'il vous plaît
「返事を待ってます」

Répondez s'il vous plaît はフランス語で，その英訳は Reply if you please.（もしよろしければお返事を下さい）。パーティーやイベントの招待状の最後に，出欠確認のために書き記す。

::: How about going to see the concert next Saturday? RSVP.（来週の土曜にコンサートを観に行きませんか？お返事を待っています）

◆RSVP は「返事を下さい」という意味の動詞としても使われる。

::: We are going to hold a party on February 20th. Can you make it? Please RSVP by Febrary 13th.（2月20日にパーティーを開催します。ご出席可能ですか？ 2月13日までにお返事を下さい）

◆出欠確認もふくめ，広い意味で「お返事をお待ちしています」は Hope to hear from you., 気の置けない間柄での「返事くれ〜」なら Hit me back.,「折り返し電話して下さい」なら Call me back. という。

\* \* \*

## アメリカ人にとってのフランス語

アメリカ人にとってフランス語は「高級」「エレガント」「おしゃれ」「ファッショナブル」そしてちょっと「キザ」な印象がある。「フランス語は a little bit snobby（少々お高くとまっている感じ）だ」と評するアメリカ人もいる。このあたりは日本人のフランス語に対する感想とほぼ同じだ。

例えば a la carte（献立表によって）というフランス語。これを英語に直訳すると according to the card（メニューに従って）だが、日本語でもレストランでコース料理ではなく「アラカルトで」、と言うと洒落て聞こえるように、アメリカでも同じ語感をもって使われている。また、アメリカ人のフランス語学習者にその動機を尋ねると、「ステータスシンボルになるから」「フランス文化の優雅さが好きだから」などの応えが返ってくる。実際アメリカで、「フランス語が話せます」と言うと一目置かれる。学習者の多くは、経済的に余裕がある人たちだと言われている。

歴史的に見ると、英語が国際語になる以前、フランス語が西欧諸国の共通語だった。その関係で、英語にもフランス語の影響が色濃く残っている。プロゴルファーの石川遼選手に届いた、伝統と格式あるマスターズ・トーナメントの招待状の左下片隅にも、RSVP の 4 文字が輝いている。

# 夏の挨拶

## HAGS
エイチ・エイ・ジー・エス

**Have a great summer.**
「素敵な夏をお過ごしください」

夏場の挨拶で，メールなどで用いられる。アクロニムではないので「ハグス」とは発音しない。しかし会話で使われることはまずなく，その際はフルフレーズで言われるのが専ら。また，アメリカの学校の卒業式は通常6月であるが，卒業記念アルバムの寄せ書きに書きたいことがない場合，HAGSと記入してお茶を濁す人もいる。

:: HAGS—Jerry（夏を楽しんでくれ—ジェリーより）

### 【関連表現】

**HAGW**（Have a great weekend.）よい週末を

**HAGD**（Have a great day.）よい一日を

**HAGL**（Have a great life.）よき人生を

:: You have finished your university with honors. HAGL.
:: （あなたは成績優秀で大学を卒業されました。輝かしき
:: 人生を）

◆coolには「カッコイイ」と「涼しい」の2つの意味があり，両方をかけてStay cool this summer.（この夏もカッコヨクいてね/涼しくしてお過ごし下さい）という挨拶を手紙やメールの最後に書くことがある。

## 英語らしいストレートな表現

\* \* \*

1日の始まりには Have a nice day.（良い1日をお過ごし下さい），夕べの別れでは Have a good night.（良い夜をお過ごし下さい），そして1年の締めくくりには I wish you a merry Christmas and a happy new year.（陽気なクリスマスと幸せな新年をお迎え下さい）をさりげなく。またアメリカ人は，困っている人がいると，人目をはばからずに堂々と May I help you?（お助けしましょうか？）と声を掛け，Thank you. の感謝の言葉に対しても，It's my pleasure.（私の喜びとするところです），It's a great honor to help you.（お役に立てて光栄です）とスマートだ。さらに，着陸・終点間近の機内・車内では I'm looking forward to serving you again.（またお役に立てることを楽しみにしています）のアナウンスが流れる。

　これらの英語らしいストレートな言い回しは，どちらかというと遠慮がちに物を言う日本人にとっては，多少歯が浮く感じがするものかも知れない。しかし，こうしたフレーズをさらりと口にすることが，英米人とのコミュニケーションを円滑に進めるスパイスになる。何かの折に，Have a great summer.（素敵な夏をお過ごしください）をカジュアルに言えるようになりたい。

# 第4章
# 社会の仕組みや制度に関する英語略語

アメリカでの社会通念や様々な制度に関する言葉。こうした事柄から、アメリカ人の考え方が明らかになっていく。

社会・制度

# アメリカの男女共学と別学

## Co-Ed
コ・エド

**Co-Education**
「男女共学」

1636年創立のアメリカ最古の大学 Harvard University を始め、アメリカの大学は男子の高等教育機関であった。そういった大学が、時代とともに女子を受け入れる形で共学となったことから、女子学生の存在イコール共学校という認識が生まれた（アメリカ初の男女共学大学は1833年創立のオベリン大学 [Oberlin College]）。そのため、co-ed は「男女共学」以外に「共学に通う女子大生」または単に「女子大生」を意味することもある。さらに現代では、中学や高校の「男女共学」をも指す。ちなみに、アメリカで初の女子大学は1836年創設のジョージア女子大学 (Georgia Female College)、現在のウェスリアン大学 (Wesleyan College) である。

A：I go to a girls' high school.（私は女子高に通ってます）
B：My school is co-ed.（私の学校は共学です）

【関連表現】
**mixed-sex education** 男女共学
**single-sex education** 男女別学

In the old days, single-sex education was the norm.（昔は男女別学が普通だった）

◆co は「共に」を意味する接頭語で，co-star（一緒に主役を演じる），co-worker（仕事の同僚，共同作業者），co-writer（共著者），collaboration（共同制作）などがある。

Matt Damon co-starred with Leonardo DiCaprio in the movie *The Departed*.（マット・デイモンは映画「ディパーテッド」でレオナルド・ディカプリオと共に主役を演じた）。

I went out for a drink with my co-workers.（同僚と飲みに行った）。

Jeff is the co-writer of my book.（ジェフは私の本の共著者です）。

This collaboration album features Snoop Dogg.（この共同制作アルバムはスヌープ・ドッグをフィーチャーしている）

\* \* \*

## 女子大学の状況

コーネル大学以外のアイビー・リーグ（105頁参照）が全て男子大学だったことから，合衆国東部の名門女子大学7校はセブン・シスターズと呼ばれた。'60年代以降，アイビー・リーグの各大学が相次いで共学になり，ラドクリフ女子大学がハーバード大学と統合し，ヴァッサー大学が共学になった。しかし，あとの5校は現在も女子大学だ。

男女共学か,別学か。お互いに異性を意識してくる高校ぐらいから,このことが問題になってくる。「男女は別々にした方が,勉学に専念できる」と主張する人もいれば,「男女が影響しあって学んでいくのがより自然な姿だ」という理念を掲げる大人達もいる。

　そんなPTAの議論をよそに,アメリカでは,ケイティ・ペリーが歌う *I kissed a girl* が大いに受けた。「女の子が女の子にキスしちゃった」という内容の歌詞で,特に女子高生の間で人気を博し,親御さんたちの間では問題視された。

　ホモとかレズとかではなく,軽い遊び感覚で,ファッションで,女の子同士が手をつないだりキスしたりする。現代アメリカの一部の学生達は,「別学か共学か」の議論を飛び越えてしまっている感がある。

※ Seven Sistersは,ラドクリフ大学 (Radcliffe College),ブリンモア大学 (Bryn Mawr College),マウントホリヨーク大学 (Mount Holyoke College),スミス大学 (Smith College),ウェルズリー大学 (Wellesley College),バーナード大学 (Barnard College),バッサー大学 (Vassar College) の7校。

# アメリカの教育制度

## AP
エイ・ピー

**Advanced Placement**
「(高校の) 英才教育」

　日本の教育制度は6-3-3制と6-6制。アメリカでは，日本と同じ Elementary School（小学校）6年，Junior High School（中学校）3年，Senior High School（高校）3年の6-3-3制と Elementary School 6年，Secondary School（中高一貫校）6年の6-6制のほか，Elementary School 5年，Junior High School 3年，High School 4年の5-3-4制，Elementary School 8年，High School 4年の8-4制がある。州によって多少異なるが，おおむね15～16歳までが義務教育で，公立の場合無償である。

　APという略語は，主に AP class（特別進学クラス）や AP program（英才教育プログラム）の形で使われる。ここで学んだ科目は，AP examination（APテスト）で一定基準をクリアすれば，進学先の大学で単位として認められるため，優秀な学生は AP class を目指す。

　地域によってかなりの差があるので一概に言えないが，私立高校のほうが公立高校よりも AP class で学ぶ生徒の割合が高い傾向にある。とは言うものの，例えば歴史の授業では，300ページほどの本を1週

間で読み,レポート用紙50枚に自分の意見をまとめてくるなど,かなりハードな内容と分量になっている。

A：The AP program is for the tough.（英才教育プログラムはタフな人間が受けるものだね）
B：What do you mean?（どういう意味？）
A：I mean you have to do tons of work.（死ぬほど課題をこなさなくっちゃいけない,ということ）

◆ある科目の成績が平均的ならばregular classで,平均より上ならばhonors classで,最上級ならばAP classで,それぞれの科目ごとに実力に応じたレベルのクラスで授業を受ける。

A：How many AP classes do you take?（いくつ特別進学授業取ってるの？）
B：Five. I think that's too much.（5つ。ちょっと取りすぎた）

\* \* \*

## 個性を伸ばせる教育システム

最近の日本の塾や予備校では,個別指導や教科能力別指導システムが普及してきているが,一昔前にはこんなことがよくあった。

予備校のトップクラスにいても,例えば数学の成績が振るわず,英数国3教科の平均点が悪くなると,ひとつ下のクラスに落とされてしまう。本来英語は最高レベルの授業を受けるべき生徒であっても,数学に足を引っ張られ,物足りない英語の講義を聴く

はめになる。数教科の平均点でクラス分けする，悪平等ならぬ「悪平均」だ。

アメリカの高校では，物理が得意なら物理は AP class で大学レベルの勉強を，地理が不安なら地理は regular class で基礎をみっちり，という具合に個人の得手不得手に合わせて科目ごとに適切なレベルの学習ができる。短所に引きずられることなく，長所を思い切り伸ばすことが可能なシステムになっている。

アメリカは多様性の国で，各自が各自の得意分野で勝負することができる。何か一つのことに秀でた人材が，それに自信と誇りを持って生きていける社会だ。平均点でふるいにかけるような教育はなされていない。

上でも触れたが，AP class で学んだ科目は，進学先の大学で単位として認められる可能性がある。高校と大学との連携が取れていない日本からすると，実に合理的で羨ましい話だ。

# アメリカの大学受験

## SAT
エス・エイ・ティー

**Scholastic Assessment Test**
「大学進学適性検査」

大学進学希望者を対象とした全米共通試験。以前は Scholastic Aptitude Test と呼ばれていた。年7回(地域によっては6回) 実施されるが，3 (4) 年制高校の 2 (3) 年次の春に受験し，試験慣れした3 (4) 年次の秋に再度受験するのが一般的。リーディング，ライティング，数学の3教科からなる Reasoning Test (論理思考テスト) と英語・数学・自然科学など5分野20科目からなる Subject Test (科目別テスト) の2部構成。通常，SATと言えば前者を指し，後者は大学側が受験者に要請した場合にのみ指定科目を受ける。各大学がSATを用いず，独自の試験を課すことはまれ。なお，SAT は「サット」ではなく「エス・エイ・ティー」と読む。

A：I want to enter Harvard. (ハーバードに入りたい)
B：Then your SAT score must be remarkably high. (じゃあ，SAT で超ハイスコアを取らなくっちゃね)

◆アメリカにはもう一つ ACT＝American College Test (米国大学入学学力試験) と呼ばれるものもあり，大学進学希望者は SAT と ACT のどちらか一方，ある

いは両方を受験するのが一般的。押し並べて、SATは文系に有利、ACTは理系に有利と言われる。

A：Which will you take, SAT or ACT?（SATとACTのどっちを受けるの？）
B：Both.（両方だよ）

\* \* \*

## アメリカの受験戦争

よく、アメリカの大学は「入るのは簡単で出るのは難しい」と言われるが、実態は「入るのだってかなり大変」なのだ。受験生はSAT, ACTの他にエッセーを書くことを求められる場合もある。その上GPA＝Grade Point Average（普段の成績を平均したもの）、課外活動、ボランティア経験も評価対象になる。特に、Ivey Leagueなどのいわゆる一流大学に合格するには、勉強ばかりしていてもだめで、部活や奉仕活動でどれだけ活躍したかが物をいう。アメリカに「受験戦争はない」というのは大間違いで、有名大学を目指す人は、子供の頃から勉学はもちろん、音楽やスポーツなどでも実績を残そうと努力を重ねる。家族が一丸となって上を目指す。ある意味、日本の受験よりも長期戦で熾烈な競争なのだ。

※アメリカのIvy Leagueに属するのは以下の8大学。

ブラウン大学（Brown University）、コロンビア大学（Columbia University）、コーネル大学（Cornell University）、ダートマス大学（Dartmouth College）、ハーバード大学（Harvard University）、ペンシルベニア大学（University of Pennsylvania）、プリンストン大学（Princeton University）、イェール大学（Yale University）

\* \* \*

◆ SAT，ACT 以外の代表的試験・学位関連の省略語。

**GRE**（Graduate Record Examination）

大学院進学適正試験。多くの大学院が課す試験。一般知識を問う General Test と，専門知識を問う Subject Test とがある。

**MCAT**（Medical College Admission Test）

医学大学院進学適正試験。4 年制大学学士号取得を条件に，物理学，生物学，口頭試問，小論文の試験が出題される。

**GMAT**（Graduate Management Admission Test）

経営大学院入学適正試験。後述する MBA を目指す人の登竜門。分析的論述力，言語能力，数学的能力が問われる。なお，経営大学院とは，いわゆるビジネススクールのこと。

**BA**（Bachelor of Arts）　文学士
**BS**（Bachelor of Science）　理学士
**MA**（Master of Arts）　文学修士
**MBA**（Master of Business Administration）　経営学修士
**LLM**（Legum Magister）　法学修士
**PhD**（Doctor of Philosophy）　学術博士
**MD**（Doctor of Medicine）　医学博士
**ETS**（Educational Testing Service）　教育試験サービス

# 日米の未成年者保護

## PG
ピー・ジー

**Parental Guidance**
「(映画鑑賞で) 保護者の指導が望ましい」

未成年者保護を目的に,日本のR-と同様にアメリカでも性表現,暴力表現,その他の表現に応じて視聴可能な映画を区分している。

米国映画業協会 (MPAA) が定める映画区分は以下の通り。G (General audiences:年齢制限なし), PG (Parental guidance suggested:10歳未満の子供の鑑賞には不適切な部分があり,保護者あるいは21歳以上の成人の指導が望ましい), PG-13 (Parents strongly cautioned:13歳未満の子供の鑑賞には不適切な部分があり,保護者あるいは21歳以上の成人の指導が望ましい), R (Restricted:17歳未満の鑑賞には保護者あるいは21歳以上の成人の同伴要), NC-17 (No one 17 and under admitted:17歳以下の鑑賞禁止)。

また,日本の映画倫理委員会 (映倫) が定める映画の区分は以下の通り。G=全年齢層が鑑賞できる,PG12=12歳未満 (小学生以下) は成人同伴指定,R15+=15歳未満 (中学生以下) は入場 (鑑賞) 禁止,R18+=18歳未満の入場 (鑑賞) 禁止。

*Princess Mononoke* (もののけ姫) が日本ではG,ア

メリカでは PG-13 に指定されるなど、日米で分類に違いが生じることもある。

> PG movies contain unsuitable words for young kids.(PG 映画には幼い子供に不適切な言葉が出てくる)

◆アメリカでは選挙権は 18 歳で与えられるが、飲酒は 21 歳から。MPAA でも 21 歳以上を大人とみなす。

> You are supposed to watch R rated movies with a parent or an adult 21 or older.（R 指定の映画は親あるいは 21 歳以上の大人と一緒に観ることになっている）

\* \* \*

## 性描写・暴力に対する日米の反応

MPAA と映倫。アメリカと日本。文化や風俗、社会情勢の違いによって、その映画区分における視点も異なる。

日本では「猥褻かどうか」「過激な性描写がないかどうか」を重視する。一方、アメリカでは「暴力性・残虐性」により重点を置く。「日本では、ポルノに対しては敏感だが、ギャング映画やオカルトに対しては鈍感だ」という話を聞いたことがある。

60 年代にフリーセックスを謳歌した国アメリカでは、今でも日常的に、女性でも、あまり羞恥心を持つことなく、おおっぴらにセックスという言葉を口にする。一方、日本では、性に関する話をするときは、未だに多くの人々がどことなく気恥ずかしさを感じる。筆者は、これが視点の違いの一要因だと考える。

イギリスの経済誌エコノミストが、GPI＝Global

Peace Index（世界平和度指数）というものを毎年発表している。戦争や内紛や殺人やテロなどにどれだけ無関係かで決まるもので，2009年の調査によると，評価対象となった144か国中，日本は7位，銃社会アメリカは83位だった。これを見ても，映画区分においてアメリカが「暴力性・残虐性」に関して日本より敏感になるのももっともなことと言える。

# 訴訟社会アメリカ

## CYA
シー・ワイ・エー

**Cover your ass.**
「隠蔽工作する」

ass は「お尻」「臀部」。腰の側面をさす hip とは区別される。ass は気の置けない仲間内で使われることが多く、通常は bottom, buttocks, butt などが好まれる。また ass には「ロバ」という意味もある。「お尻」という意味での ass を arse と綴ることもある。

CYA は「尻を隠せ」から「隠蔽工作する」という意味になったが、さらに、わけあり企業などでは、後々の裁判のために、「証拠となるような文書を残しておけ」「うまい言い訳を考えておけ」といった意味にもなる。訴訟社会アメリカを反映したイニシアリズムでもある。

A: Record every single word he says to CYA.（裁判資料にするために、奴の言うことを一言も漏らさず録音しておくように）
B: Very good.（かしこまりました）

【関連表現】

She covered up her sorrow with a joke.（彼女はジョークで悲しみを隠した）
The hospital tried to conceal their malpractice.（その病院

は医療ミスを隠そうとした）
The criminal is hiding a piece of important evidence.（犯人はある重要な証拠を隠している）
I white washed the accident she had.（私は彼女が起こした事故を隠蔽した）

\* \* \*

## アメリカ人の論理性と屁理屈

「私が肺癌になったのは，タバコを製造販売したタバコ会社の責任だ」「私がコーヒーをこぼして火傷をしたのは，熱すぎるコーヒーを出し充分に注意を喚起しなかった店側の責任だ」など，日本では信じられない裁判が起きている訴訟大国アメリカ。そして，アメリカの裁判所は，個人に優しく企業に厳しい傾向があり，上述した2つの裁判で，いずれも原告側が勝訴している。また，観光旅行で来日したアメリカ人女性が，走行中のバスの中でバランスを崩し，荷物棚に顔面をぶつけ前歯を折ったときも，「私が前歯を折ったのは Watch your step.（足元にお気をつけ下さい）と言わなかったバスガイド及び運転手の責任だ」とバス会社を日本で訴え，勝った。

アメリカ人は，良く言えば論理的思考に長けており，悪く言えば屁理屈をこねるのがうまい。これは多分に，ゲームとして行われることもある debate（ディベート）の影響が大きいと思われる。

ゲームとしての debate では，あるテーマについて

賛成チームと反対チームとに分かれ，各チームのメンバーがそれぞれの主張を論理立てて弁じ，聞いているジャッジたちをより上手く説得できたほうが勝ちになる。このゲームの面白いところは，舌の根が乾かないうちに攻守交替する点だ。すなわち，今まで賛成である理由を論理立てて語っていた人が，今度は反対であることを筋道立てて主張する。

　こうしてアメリカ人は，白を黒に，黒を白にしてしまうことに長けていくのだろう。筆者の知人のアメリカ人は，「……。故に，電子辞書のほうが紙の辞書よりも優れている」と熱弁を振るった直後，「ゴキブリをバーンと叩き殺せるという利点があるから紙の辞書のほうが優れている」と論じた。

　日本でももちろんそうだが，アメリカでは日本以上に，弁護士のCYA能力の優劣が裁判の行方を左右する。OJシンプソンを刑事裁判で無罪にしたのは，「ドリーム・チーム」と呼ばれる凄腕弁護士団だった。また，トム・メゼローという敏腕弁護士の弁舌なくして，マイケル・ジャクソンが児童虐待容疑で無罪になることはなかったであろう。

# ラブ・アフェアに関する社会的許容度

## PDA
ピー・ディー・エイ

**Public Display of Affection**
「公衆の面前での愛の遊戯」

単にカップルが人前でいちゃつくことだけではなく，結婚式の儀式のひとつとして，新郎新婦が参列者の前で祝福を受けながらキスすることなども含む。とかく kiss や hug がオープンに行われているイメージのアメリカだが，実際は人目をはばかる人が多い。従って，PDA も TPO に応じて良いようにも悪いようにも解釈される。学業の妨げになるとして校則で禁じる中学校・高校も多い。軍隊でこれをやると強い反発を受け，見下される。この言葉は新聞，雑誌の記事や学校で風紀問題などを論じる場面でもよく取り上げられる。

- A PDA is getting touchy-feely in a public place.（PDA は人前でいちゃつくことです）

◆手を繋ぐことやスポーツでのハイタッチ（英語では high-five のほうが普通）も PDA とみなす学校がある。

- In my school, even high-fives are considered PDA's.（うちの学校では，ハイファイブでさえ PDA とみなされる）

◆同性婚が認められているカリフォルニア州にあるビバリーヒルズはゲイカップルのメッカ。オープン

カフェでマッチョとマッチョが指を絡め見つめ合っている光景を目にすることができる。

A：Oh, my! Men and men are eye-to-eye, hand-in-hand!（ワーオ，男同士でみんな見つめ合って手を繋いでいるよ）

B：That's natural here in Beverly Hills.（ここビバリーヒルズでは自然なことです）

\* \* \*

## PDAと学生，学校，親

人目を気にせずキスしたり抱き合ったり，所構わず愛を表現する男女は日本ではバカップルと呼ばれ，一般的には否定的に受け取られる。先にふれたようにアメリカ人にもこのような行為について快く思わない人々は多いのだが，面白いのはPDAという「公然の恋愛行為」を意味する言葉が英語にあることだ。日本語にはこのような言葉は見当たらず，強いて挙げれば「不純異性行為」ということになるのだろうが意味するところはPDAほど明解ではない。日本人にはラブ・アフェアは「秘め事」という認識があって，曖昧な言い方を好むところがある。このへんは日米差のひとつであると言えそうだ。

さて，アメリカでは，校則でPDAを禁じている中学校・高校は多い。が，何をもってPDAであると見なすかは，その学校の校風・教育方針などによってケース・バイ・ケースなのが実情で，罰則についても口頭での注意，親子面談，1週間の停学等まちま

ちだ。

　こういった学校側からの指導に対する生徒の反応も千差万別。神様に顔向けできないぐらいに罪悪感を持つ（ashamed）子供がいる一方で，そんなの知ったこっちゃない（I don't give a shit.）と意に介さない学生もいる。親も親で，「若い頃の自分も同じようなものだった」と我が子の PDA を寛大に受けとめる場合もあれば，自分の教育方針を深く反省する親もいる。

# 留学生の米国での就職活動

## OPT
オー・ピー・ティー

### Optional Practical Training
「任意職業実地訓練」

アメリカで学ぶ留学生が，大学の所定の課程を修了するとOPTの資格が得られ，合法的にお金をもらいながら米国内で1年間職業実地訓練を受けられる。アメリカでの就労を望む留学生の間でよく話題に上るイニシアリズム。

A：What did you go to UCLA for?（何のためにUCLAに行ったの？）

B：To do OPT.（OPTをするためだよ）

A：What will you do for your OPT?（OPTで何するの？）

B：I'm gonna work for a publishing company.（出版社で働くよ）

◆ OPTの資格認定証はDHS（U.S.Department of Homeland Security：アメリカ合衆国国土安全保障省）が発行するEADカード（Employment Authorization Document：労働許可証）。申請から発行まで3カ月以上かかる場合もあるので早めの手続きが必要。

A：Did you apply for an EAD?（EADは申請したの？）

B：Not yet.（まだだよ）

:: A：You'd better hurry up.（早くしたほうがいいよ）

◆ OPT が所定の課程を修了したのちに行う職業訓練であるのに対して，CPT（Curricular Practical Training：履修課程中の職業実地訓練）は，修了前の授業の一環として行う職業訓練。

\* \* \*

**アメリカで働くために**

外国人がアメリカでお金をもらって働くのは非常に難しい。自国民の雇用を確保するため「なるべく外国人には働いてほしくない」がアメリカの本音だから，外国人労働者受け入れにはかなり慎重になっている。

それでもどうしてもアメリカで，とお思いの方は，OPT の活用が一番確実だろう。大学が指定する規定のプログラムを修了すると，OPT の資格が得られる。それで，1年間，自分が勉強した分野と関連のある企業や団体で給与をもらいながら職業実地訓練を受ける。あくまでも職業訓練という位置づけであって，まだ就労ではない。また，OPT の資格を取得しても受け入れ先企業が決まらなければ，訓練を受けることはできない。その受け入れ先は，自分で会社訪問するなどして自己責任で見つける。極端な例だが，OPT 資格だけもらい，何もせずに1年間アメリカで遊んで過ごす人もいるようだ。

職業実地訓練の間に認められれば，訓練先がスポンサー（採用企業）となって，国から当該ワーキングビザ（就労ビザ）がもらえる。これでめでたく数年間

はアメリカで仕事ができる（就労年限は就労ビザの種類によって異なる）。

　就労ビザを申請するのは企業側なのだが、なにしろ弁護士を通じての申請や関係書類作成に50万円ほどかかるので、躊躇する会社が多い。それでも、よほど実力や才能があり、利益をもたらすと会社が判断した場合には、費用を負担して就労ビザの申請をし、その人材を確保する。就労ビザを手にした本人は、アメリカで働くという夢への大きな関門をクリアしたわけで、大いに喜び、さらに夢へ向かって突き進むことになる。

# 差別を排除する社会

## PC
ピー・シー

**Politically Correct**
「差別的でない」

　白人とインディアン，白人と黒人奴隷，イスラム教とキリスト教など，アメリカの歴史は人種，民族，宗教問題と切り離して考えることはできない。被差別者たちの発言権が強まるにつれて，「差別的でない」言動をとることにアメリカ人は配慮するようになった。PC は，「(人種，民族，性，宗教，身体等の面で)差別的でない」という意味のイニシアリズム。もっぱら書き言葉として使われる。会話で PC と言うことはまずなく，politically correct と略さずにいうのが普通。

◆人種，民族差別には殊更に敏感であるため，黒人を black でなく African American と呼ぶのが一般的。

A：Mom, is Madame Curie a Polak?（ママー，キュリー夫人ってポーラック？）

B：Watch your mouth, Nancy. You should be more politically correct.（言葉に気をつけなさい，ナンシー。もっと差別的でない言い方をしなさい）

※ Polak はポーランド人に対する蔑称。差別的でない呼び方は Polish。

◆憲法で平等を謳っているアメリカでは，呼称においても男女差別を排除する動きにある。会社員は男女両方なので，男性のみを示す businessman は不適切であり，女性も含めた businessperson が好まれる。多くの米国航空会社では，客室乗務員を flight attendant と呼び，steward（男性）と stewardess（女性）の区別をなくしている。

- It is PC to call a stewardess a flight attendant.（スチュワーデスを客室乗務員と呼ぶほうが差別的でない）

◆ discriminate against〜は「〜を差別する」という動詞句。indiscriminate は「無差別の，見境いのない」という形容詞で，PC とはニュアンスが異なる。

- Don't discriminate against women.（女性を差別するな）
- A：I love all girls.（私は，すべての女性を愛する）
- B：You are just indiscriminate.（誰でもいいだけじゃん）

\* \* \*

## クリスマスと PC

12月の声を聞く頃になると日本では街中のあちこちで目にすることになる Merry Christmas! という表現。実はこれ，最近のアメリカでは「宗教的差別用語」であるとして使われなくなってきている。

ご存知のように Christmas はキリスト教のお祭り。ところが，そこは多宗教国家のアメリカ。ユダヤ教，ヒンドゥー教，イスラム教，仏教，ブードゥー教などなどの信者が数多くいて，彼らは「キリストの誕

生日なんて関係ない」と思っている。

　そういった人々の心情を考慮して，まず真っ先にメディアが，宗教色の薄い PC 語 Happy holidays! を用いた。最近では，スーパーマーケットやデパートなどの商業施設もそれに倣うようになっている。どの宗教を信仰していても，12 月の中旬からはみんな休日を楽しむからだ。

　ある年の 12 月をロサンゼルスで過ごしたときに，あることに気づいた。いつまでたっても，街が色づかないのだ。サンタクロースはほとんど見かけないし，クリスマスツリーも数えるほどしかない。日本の繁華街ならばどんなにかきらびやかな装飾に満ち溢れていることか……。アメリカと日本のこの逆転現象に，筆者は奇異な感覚を禁じ得なかった。

　同じアメリカでも Guam は例外で，カトリック教徒が多いこの南の小島では，10 月の初めから早くもクリスマスツリーを売り出し，12 月ともなると，海岸沿いのビルやホテルの窓や壁にツリーやサンタのイルミネーションが灯る。

# ER でよく聞く医療用語

## 【 DOA 】
ディー・オー・エイ

**Dead On Arrival**
「(病院に) 到着時死亡」

アメリカでは ER (Emergency Room：救急救命室) という連続ドラマが 2009 年まで約 15 年間に渡って放送され，人気を博した。そこでは DOA というイニシアリズムが幾度となく登場する。

A：What happened to the pregnant woman in labor?
(陣痛が始まってたその妊婦さんどうなった？)

B：Unfortunately, she was DOA. (病院に担ぎ込まれたときには，残念ながらすでに亡くなっていたよ)

◆「病院に到着したときには死んでいる」から派生して，次のような意味でも用いられる。

・「(法案などが) 提出されてもすぐに否決される」

The bill was DOA. (その法案は，即，否決された)

・「買った機械が，すぐ故障してしまう」

A：Did you order the computer? (そのコンピュータ注文したの？)

B：Yes. But it was DOA. (したけど，配送されてきたときには壊れてた)

・「デビューした芸能人がすぐに消えてしまう」

A：The band's debut album sucked. (そのバンドのデ

ビューアルバムはひどかったね)
B：Yeah, they were DOA.（ああ，あいつらはすぐに消えたよ）

・「付き合い始めたカップルがすぐに別れる」

A：You know, Sue and Jim have started dating.（知ってた？スーとジムが付き合い始めたんだってさ）
B：They are DOA.（すぐ別れるよ）

\* \* \*

## アメリカでは医療も経済活動

ERをご覧になった方であれば，長回しのワンシーンに，大勢の病院スタッフが登場していることに気づかれたことと思う。日米の救急救命医療体制には大きな差があり，実際，スタッフの数が違う。アメリカのERには心臓外科医，内科医，小児科医，産婦人科医，そして多くの看護師や医療スタッフが常駐している。一方，日本でこれだけのスタッフを常時揃えることは事実上不可能だ。この差はどこから生じるのだろうか？

端的に言って，それは収益効率の問題だ。アメリカは医療行為も経済活動の一つとして捉えているので，やっただけの報酬をきちんともらう。例えば，救命救急医療チームが1万ドルの治療をしたなら，その1万ドルのほぼ全額をチームが収入として得ることができるシステムになっている。ERのスタッフ数が多く，人件費がかさむとしても，それに見合うだけの多くの患者を受け入れる態勢が整っているか

ら収支が合うのだ。

　一方，日本では，法律で医療スタッフの最低人数が規定されているものの，救急救命医療行為に見合うだけの収入が得られるシステムが整っていないため，必要十分な医療スタッフをERのためだけに勤務させる経済的余裕がないのだ。

　ちなみに，日本では救急車は無料だが，アメリカでは基本料金や救急隊員の人件費などが請求される。州によって違うが，オレゴン州ではこれらの合計が400ドルぐらいになるという。医療もシビアな市場経済の一部なのだ。

# 「配偶者」を意味する英語

## SO
エス・オー

### Significant Other
「配偶者・婚約者」

　others には日本語の「他人」の意味するところと微妙にずれがある。「他人」は「身内」の対義的意味合いが強く「赤の他人」「夫（妻）は所詮他人」といった使われ方がされる。

　一方，others は「自分以外の人」を指すため，親兄弟や親戚も該当する。その中で特に重要である配偶者や婚約者，彼氏や彼女を significant others と呼ぶのである。なお親や子供は SO とはされない。

※話の前後関係，話者の性別などによって，SO が誰を指すのか判断する。

A：It would be our pleasure if you would come to our party.（我が家のパーティーにご出席頂ければ光栄です）
B：I'll be there with my SO, Lucy.（フィアンセのルーシーと一緒に出席します）

◆ 公的な申請書などには，「妻」や「夫」のことを spouse（配偶者）と記載する。I'm married. My spouse is Alice.（既婚。配偶者名アリス）

◆「配偶者」としては better half が知られるが，実際は「夫」ではなく「妻」を指すことが多い。

Think twice before you choose your better half.（妻を選ぶときは熟考しなさい）

\* \* \*

## 呼称から見る夫婦関係

日本語では，夫や妻を指す言い方として次のようなものがある。夫＝主人，亭主，旦那，宿六，うちの人。妻＝女房，家内，山の神，かかあ，嫁さん，上さん，うちのやつ。「主」が使われるあたりに，どことなく封建時代からの男女の主従関係の名残が感じられる。

一方，アメリカ英語では，［夫］husband, bridegroom, companion, consort, groom, helpmate, hubby, mate, other half, partner, spouse。［妻］wife, bride, companion, consort, helpmate, mate, other half, partner, spouse。夫と妻を意味するのに同一の単語が使われることが多いことに気付く。男女関係が対等であり，男女を区別しない国民性が窺える。また，夫婦は partner であり，companion（仲間），mate（友人）という考え方も日本にはあまり根付いていない概念だ。

実際，アメリカでは夫婦で行動することが，日本より多い。日本でなら旦那衆だけ，奥さん連中だけでワイワイやるような場面で，アメリカでは夫婦がそろって顔を出す。家族同伴というのも圧倒的にアメリカのほうが一般的になっている。

ちなみに，ゲイやレズのカップルの場合は，お互いを partner と呼ぶ。

# アメリカ人の就業スタイル

## 【 OT 】
オー・ティー

**overtime**
「残業」

　日本人と同様，アメリカ人も残業するが，日本人と比べて個人の自由裁量の幅が広い。締め切りや納期など，差し迫った事情のために残業を余儀なくされる場合はともかくとして，「残業の必要なし」と判断すれば遠慮なく退社する。それで白い目で見られることはない。仕事よりも家庭，プライベートを優先させるアメリカでは，滅私奉公的残業はまずない。ほとんどの人が無理のない範囲で残業する。

　OT は主に work OT（残業する）の形で用いられる。overtime には「残業手当」という意味もある。

A：TGIF!（今日は金曜だぜ！）
B：Good for you. I gotta work OT.（おめでと。俺は残業だ）

◆ work overtime はセットフレーズだが，WOT というイニシアリズムとして使われることは現時点ではない。WOT は Waste of Time（時間の無駄）のイニシアリズム。

A：Are you still dating Jenifer?（まだジェニファーと付き合ってるの？）

B：No way! She is a WOT.（まさか。あいつは時間の無駄だよ）

◆ over time と2語になると「ゆっくりと/時間をかけて」の意味になる。

Languages change over time.（言語はゆっくりと変化する）

◆ OT は他に Old Testament（旧約聖書），Off-Topi（話からそれてる）などのイニシアリズムとしても登場する。

A：Did you attend the Reverend Nicholas Dickson's sermon?（ニコラス・ディクソン師の説教に出席した？）

B：Some of his utterances were from the OT.（お言葉のいくつかは旧約聖書からの引用だった）

【関連表現】

**PTO**（Paid Time Off）有給休暇

A：I didn't use all my PTO's.（有給休暇を全部は消化できなかった）

B：Just carry them over for next year.（来年に繰り越せ）

\* \* \*

## それぞれの残業スタイル

「5時になったらキッカリ仕事をやめて帰宅する」と自慢げに話すアメリカ人がいる。「自分の判断で残業するかどうか決めるよ」と，自立した自己をアピールするアメリカ人もいる。が，彼（女）らは大体

がまだ若い駆け出しのビジネスパーソン。CEO（Chief Executive Officer：最高経営責任者），President（社長），CTO（Chief Technical Officer：最高技術責任者）など，要職についている人たちは，残業も苦にせずガムシャラに働く。「アメリカ人は残業をするのか，しないのか？」というよくある問には，「その人がどのくらいの責任を背負っているかによる」というのがひとつの答えになるだろう。

　もうひとつは，本書で何度となく出てくる「アメリカ人の多様性」だ。生き方も考え方も百人百様。日本が高度経済成長を迎えていた頃に多く見られたような，働くことに生き甲斐を感じるアメリカ人もいる。筆者の知り合いの30代前半のニューヨーカーはまさに24/7（28頁参照）で仕事をこなしている。その一方で，「仕事は生きるために仕方なくやる。趣味こそが本来の自分」と割り切っているビジネスパーソンもいる。このように，とことん残業する人もいれば，残業は一切お断りの人もいる。中には，50歳までは残業でも何でもしてとにかく必死に働き，それ以降はのんびりと暮らそうと考えている人もいる。現在の日本人にも同じようなところがあるが，アメリカ人のほうがより「個」を大切にしている，という印象がある。

# 家電量販店，日米の違いは？

## PC
ピー・シー

**Personal Computer**
「(ウインドウズ搭載) パーソナルコンピュータ」

「パソコン何使ってる？」「マック」のようなやりとりは，日本人同士なら普通になされる会話だが，アメリカだとちょっと事情が違う……。

日本では個人用コンピュータは総称として広く「パソコン」と呼ぶが，アメリカでPCと言えば，OS (= Operating System) としてMicrosoft社のWindowsシリーズを搭載した個人用小型コンピュータのみを指す。Apple Computer社製のMacintoshはMacと呼び，PCと厳密に区別している。

大型コンピュータのシェアでトップの位置にあったIBMは，1980年代初頭に小型，低価格のコンピュータであるIBM PC, 引き続いてPC/ATを発売した。これは互換機を含めて世界的な普及機となり，パーソナルコンピュータ (PC) という名称が定着した。ここではMS-DOS (Microsoft社のオペレーションシステム) が採用されており，後の小型コンピュータ設計上の世界基準となった。MS-DOSは1990年代に入ってWindowsへと進化したため，PC=ウィンドウズマシンという認識が定着した。片やマッキントッ

シュはIBM PCから数年遅れて登場し、それ以降、PC/AT機の対抗機として存在し続けた。PCとMacが明確に区別されるのは以上のような事情からだ。

A : Why do you like Mac better than PC?（なんでPCよりMacが好きなの？）

B : Because Mac is more fashionably designed.（Macのほうがデザインがおしゃれだから）

◆ Windows 95が発表された1995年頃から、話し言葉としても、書き言葉としてもPCが使われるようになった。今ではPersonal Computerと略さずに言うことはあまりない。

A : Can I use your PC for a sec ?（一瞬、パソコン使わせて）

B : Why is that?（ナンデ？）

A : My PC has just frozen.（固まっちゃったんだ）

\* \* \*

## 家電量販店に並ぶコンピュータ

日米の家電量販店の接客態度は大きく違う。日本では、店員が親切丁寧に客の質問に答えるが、アメリカでは基本的に無愛想。あまりしつこく尋ねると「説明書を読みなさい」と注意されてしまう。コンピュータを買った後のサポートも、日本は面倒見がいいが、アメリカは淡白だ。

皮肉なことに、この違いが両国の店頭での品揃えに反映している。日本の量販店は、アフターケアしやすい日米のコンピュータに偏り、言葉の問題など

を理由に中国・台湾メーカーを敬遠しがち。逆にアメリカでは，売ってしまった後のことはあまり気にしないから，国籍を問わず店先に並べる。「日本はまだ鎖国をしているのか？自分の国のコンピュータしか置いていないじゃないか」と苦言を呈したアメリカ人がいたが，彼はこの辺の事情がわかっていないのだろう。

　消費者の態度も，日米では温度差が感じられる。どちらかと言うと日本人は「自国のメーカー＝信頼できる」と思い込む傾向がある。一方，アメリカ人は，国名で製品を選ばない。あくまでも性能，デザイン，コストパフォーマンスを重視して買う。これは，米国が多民族国家で人種の坩堝であることと関係している。

　そんなアメリカで，売り上げ No.1 の家電量販店が Best Buy だ。国内シェアー 20％，全世界に 1200 店舗を構え，全米だけでも 800 店舗を数える。広い店内には世界の有名ブランドコンピュータが並び，客は自分の判断で商品を選んでいく。

　この Best Buy が近く日本に出店するかも知れない。もう市場調査は始まっている気配だ。もしそうなったとき，日本の各量販店ならびに Best Buy がどのような品揃えをするのかが注目される。

# 第5章

# ノンジャンルの英語略語

様々なアメリカ英語から発した略語の数々。それぞれから興味深いトピックや英語表現が広がる。

# 聖書から生まれた英語表現

## 【 VIP 】
ヴィ・アイ・ピー

**Very Important Person**
「大物」「重要人物」「大切な人」

　旧約聖書中最大の預言書であるイザヤ書は3部構成だが，バビロニアに捕囚されたユダヤ人に解放を告げる第2部に " You are a very important person in my eyes."（あなたは，私の目には尊い人間だ）とある。VIP はここから生まれたイニシアリズムである。これをアクロニムとして「ヴィップ」と発音するのは，Japanese を Jap（ジャップ）と呼ぶような響きがあり軽蔑的とされる。

A：How was the party?（パーティーはどうだった？）

B：Great. They all treated me like a VIP.（最高。みんな僕を VIP 扱いしてくれたよ）

Celebrities, government dignitaries and big shots are sometimes called VIPs.（セレブ，政府高官，大物は VIP と呼ばれることがある）

◆その他の宗教的イニシアリズム・アクロニム。

**Rev.~** (Reverend~) 敬愛する～／～師

　Rev. Richard Dickson（リチャード・ディクソン師）

**JC** (Jesus Christ) イエス・キリスト

　JC is always watching me.（イエス様がいつも見ておら

**RSV**(Revised Standard Version)改訂標準訳聖書

The RSV was colloquial translation by American scholars.(改訂標準訳聖書は,アメリカの学者による口語訳だ)

**OP**(Order of Preachers)説教者修道会

The OP is also known as the Dominican Order.(説教者修道会はまたドミニコ修道会としても知られている)

※説教者修道会は,1206年に聖ドミニコによって設立された,誓願によって結びついた信徒の組織。キリスト教精神に基づいて共同生活する。

\* \* \*

## 意外に多い聖書由来の英語表現

A bird in the hand is worth two in the bush.(手の中の1羽の鳥は藪の中の2羽の価値がある)という諺がある。日本の諺の「明日の百より今日の五十」とほぼ同義であるが,これは旧約聖書中の伝道の書9章4節のA living dog is better off than a dead lion.(生きている犬は死んでいるライオンよりよい)に由来する。born again(再び生まれる)は,ヨハネによる福音書3章3節の中で,Jesus answered and said to him, "Amen, amen, I say to you, no one can see the kingdom of God without being born from above."(イエスは答えて彼に言われた。「よし,よし,私はあなたに言おう。人は天から生まれ変わることなしで神の国を見ることはできない)のように使われている。また,Man does not live by bread alone.（人はパンのみにて生きるのではない）という名言は，ルカによる福音書4章4節 Jesus answered him, "It is written, ' One does not live by bread alone.' "（イエスは彼に答えた。「『人はパンのみにて生きるのではない』と書いてある」と）に出てくる。pearls before swine（豚に真珠）はマタイによる福音書7章6節 Do not give what is holy to dogs, or throw your pearls before swine.（聖なるものを犬に与えるな。また真珠を豚の目の前に投げるな）が元になっている。

　アメリカ人が普段何気なく使っている表現が聖書由来であることは意外と多い。ただ，すべてのネイティブが，キリスト教の影響という感覚を持ちながらそのフレーズを用いているわけではない。VIP が聖書伝来であることを知る，知らないは，その人の教養とクリスチャンであるかどうか，また信仰の熱心さに大きく左右される。筆者の知人で，大学で英語を教えているアメリカ人は，クリスチャンではないが，VIP の由来をしっかりと理解している。逆に，一般的教養の持ち主で無神論者のニューヨーク出身の友人は，そういったことにはまったく無頓着だ。

※コラム中の聖書の英文は New American Bible からの引用。訳は筆者。

## アメリカ富裕層のカッコいい生き方

# posh
ポッシュ

**Port Out, Starboard Home**
「豪華な」「優雅な」

　7つの海を支配し，大英帝国として栄華を極めたヴィクトリア王朝時代（1837〜1901年），イギリスからインドへの船旅で，富裕層は出て行く（out）ときは左舷（port），帰り（home）は右舷（starboard）の高価な客室を利用することで直射日光を避け，快適な航海を楽しんだ。そこから，Port-Out-Starboard-Home で posh＝「豪華な」「優雅な」という意味が生まれたという。20世紀に入ってから作られたアクロニムが多い中，例外的に posh は19世紀後半に生まれ，21世紀の今も現役で使われている息の長いアクロニム。多くのネイティブは posh がアクロニムだということを知らずに普通の形容詞として使っている。

A：I bought a posh car.（豪華な車を買ったよ）
B：What car?（なんていう車？）
A：A Porsche!（ポルシェ！）

### 【関連表現】

**opulent**　豪勢に装飾してある

Paris Hilton is wearing an opulent dress.（パリス・ヒルトンはピカピカにデコレーションしたドレスを着てい

る)

**luxurious** 贅沢な

Many celebrities enjoy luxurious lives.(多くのセレブは贅沢な生活を楽しんでいる)

**gorgeous** 煌びやかな,目が覚めるように美しい

The dancers appeared on the stage in gorgeous costumes.(ダンサーたちはまばゆいばかりの衣装を着てステージに現れた)

**splendid** 豪華な,素晴らしい,見事な

The ten thousand fireworks were just splendid.(1万発の花火は見事だった)

\* \* \*

## 大金持ちたち

大富豪のことを英語では,millionaire(百万長者),billionaire, multimillionaire(億万長者)と呼ぶ。数字の桁が示されているが,いずれも一括りに大金持ちのことである。

彼らを指して Their wallets are fat.(彼らの財布は太っている), They stink of money(彼らは金の匂いがする)と言ったりする。自家用ジェット機を持っていればThey are jet-setters. となる。そんな posh な生活を送る人たちを紹介する。

2010年3月のアメリカ経済誌「フォーブス」の「世界長者番付・億万長者ランキング」によると,首位常連のビル・ゲイツ(個人資産4.77兆円)がメキシコの通信王カルロス・スリム(4.82兆円)に1位の

座を明け渡し2位になった。3位は投資家のウォーレン・バフェット（4.23兆円）。また，これらベテラン勢に混じって，グーグル創業者サーゲイ・ブリンとラリー・ペイジの若手が共に1.58兆円で24位にランクインしている。Facebook創業者マーク・ザッカーバーグ（0.36兆円）も25歳で212位につけている。

　ところで，アメリカでは，経済的に成功したら，慈善活動で活躍するのがposhな生き方とされている。「懐が豊かな人は心も豊か」。これがアメリカ的大富豪の理想像だ。例えばビル・ゲイツ。彼はあまり無意味な贅沢・散財をせず，普段はジャンクフードを好むと言われている。しかし，ここぞというときは，何百億円という大金を世の為人の為に寄付してしまう。

（※1ドル＝90円換算）

# よく見るフィットネス英語

## abs
アブズ

**abdominal muscles**
「腹筋」

元々は解剖学用語 abdominal muscles のカバン語（5頁参照）だが，一般的にはフィットネス用語として定着している。日本では「アブス」と言われることも多いが，正確には「アブズ」。フィットネス大国のアメリカでは，様々な器具が商品化されて販売されている。その中には日本でも通販で買い求められるものもある。腹筋の鍛錬はフィットネスの大きなテーマであることから，「アブズ」「アブ」をネーミングした商品は極めて多い。

A：I want to have well-defined abs.（腹筋ボコボコになりたいな〜）

B：Like Hercules?（ヘラクレスみたいに？）

◆腹筋運動は sit-up, 腕立て伏せは push-up, 懸垂は chin-up。do sit-ups（push-ups, chin-ups）「腹筋（腕立て伏せ，懸垂）をする」のように言う。

A：How many sit-ups can you do?（腹筋何回できる？）

B：Around 40, maybe.（40回ぐらいかな，たぶん）

◆大腿四頭筋＝quads, 上腕三頭筋＝triceps。

\* \* \*

## 健康も自己責任

ご存知のように、アメリカではメタボリックシンドローム（metabolic syndrome：代謝症候群）が大問題になっている。国民のおおよそ6割が肥満かその一歩手前だという調査結果もある。それもそのはずで、この国では食べ物が半端ではなくデカい。そして無駄に甘い。アイスクリームはバケツのような容器に入っている。鶏は丸ごと凍らせて売っている。グアムのホテルのコンビニで買った缶ウーロン茶は砂糖で味付けされていた。そこへもってきて、ジャンクフードと車。ご近所でのちょっとした用足しにはセグウェイ（一人用電動式立ち乗り二輪車）が便利。太るための条件は揃っている。

アメリカでは国民皆保険制度ではなく、保険に入れない経済的弱者は満足な医療を受けることができない。肥満問題も構造的には同じだ。お金のない人は安価なジャンクフードに頼ることが多く、フィットネスクラブで汗を流す時間的・金銭的余裕もない。街を見渡しても、貧困層のほうが不健康に太っている人が多いと言えよう。

健康はお金で買え。アンクル・サム（United Statesを頭文字が同じU.S.になるUncle Samと呼ぶことがある）は国民にそう命じているかのようだ。しかしシェイプアップ＝フィットネスクラブと短絡的に結び付けてしまう人がいる一方で、サイクリングやジョギングで身体を鍛えている人もいる。ジムで汗を流すの

もいいが，ビルの谷間や海岸，公園などでジョギングやサイクリングで体を鍛えるのも気持ちよさそうだ。

fitnessという言葉を辞書で調べてみると，「健康」「元気」とある。実際，健康に配慮した生活をしている人たちも大勢いる。アメリカは貧富の差が激しく，富裕層のほうが健康的な生活を送っている割合が大きいのは事実だ。しかし，たとえ富裕層でなくとも，心がけ次第では「フィットネス」を維持できる。何事も自己責任の国アメリカ。代謝症候群に陥る要素・誘惑がたくさんある中，absを維持するのもまた自己責任なのだ。

\* \* \*

日本でも人気のフィットネス。ここでは，その関連表現を紹介してみたい。

**antioxidants** 抗酸化剤（ビタミンA，C，Eなど）。

**aqua exercise**
アクアエクササイズ。水泳，水中歩行など，水中で行う運動の総称。

**BCAA**（Branched Chain Amino Acids）
分岐鎖アミノ酸。バリン，ロイシン，イソロイシン，の3種類の必須アミノ酸の総称。水やジュース，スポーツドリンクに溶かして飲む人が多い。

**BMI**（Body Mass Index）
ボディーマス指数。肥満度を表す指数で，身長と体重から算出する。日本では25以上を，WHOで

は 30 以上を肥満と定めている。

**BMR**（Basal Metabolic Rate）　基礎代謝率。

**body fat**　体脂肪。

**cellulite**
セルライト。臀部や大腿部に起こりやすく，肌がでこぼこしたオレンジの皮のようになる。

**detox**　detoxification の略。解毒。

**DONS**（Delayed Onset Muscle Soreness）　数日遅れの筋肉痛。

**fast muscle**
速筋。持久力に関係する赤色のミオグロビンというタンパク質の割合が少ないことから白筋とも呼ばれる。瞬発力に富む。

**flexibility**　柔軟性。柔軟体操は calisthenics。

**hypertrophy**　集中トレーニングによる筋肉の肥大。

**delts**（deltoids）
肩から上腕にかけてのふくらみを持った三角形の筋肉。三角筋。

**free weight**
ダンベル，バーベルなど，自由な軌道で動かせる器具。

**gluteals**（gluteus maximus, medius, and mminimus）　大，中，小臀筋。お尻の筋肉。

**isometrics**
アイソメトリックス。肘や肩，膝などの角度を変えず，筋肉も収縮させずに同じ長さを保つ静的運

動。等尺性運動。

**isotonic exercise**

アイソトニック運動。ダンベルやバーベルで一定の負荷を筋肉にかけたまま，一定の動きを反復する運動。同緊張性運動。

**lats**（latissimus dorsi）広背筋。背中の筋肉のこと。

**maternitybics**

マタニティービックス。妊婦の運動不足解消のための有酸素運動。

**pilates**

ピラティス。ヨガや太極拳の要素を取り入れ，インナーマッスル（深層筋）を軽い負荷で鍛える。

**rep**（repetition）レペ。繰り返し運動。

**slow muscle**

遅筋。持久力に関係する赤色のミオグロビンというタンパク質の割合が多いことから赤筋とも呼ばれる。持久力に富む。

# ラテン文化との融合

## Tex-Mex
テックス・メックス

**Texas and Mexico**
「メキシコの影響を受けたテキサス南部の文化」

　国境付近では，両国の言語が混じり合うことがある（言語接触現象）。アメリカとメキシコの国境付近，テキサス南部とメキシコ北部でも，English と Spanish の接触現象が起き Spanglish という言語が生まれた。こうした接触現象は言語のみならず，人，音楽，料理，ファッションなどの分野にも見られる。Tex-Mex は，このようにしてできたテキサス南部独特の文化，言語，様式を指すカバン語。

A：I don't understand what you are saying.（お前の言うことわからん）
B：That's because I speak Tex-Mex.（テックス・メックス喋ってるからな）

◆ Tex-Mex は特に料理について用いられることが多い。全般的に，Tex-Mex 料理のほうがメキシコ料理よりも味付けが濃く，スパイスが効いている。牛肉を使ったバルバコアのタコスなどがその代表的料理。

A：What is the difference between Tex-Mex and Mexican food?（テックス・メックス料理とメキシカン料理の違いは？）

> B: Tex-Mex food has more zip.（テックス・メックス料理のほうがパンチが効いてる）

※ zip は「活力」「エネルギー」「勢い」という意味の名詞。

◆ 1875 年に生まれたテキサス・メキシカン鉄道の愛称 Tex-Mex がこの言葉の由来。その後，1920 年ごろからは，テキサス州生まれのメキシコ人をも Tex-Mex と呼ぶようになった。

> Carlos was a Tex-Mex, born in San Antonio.（カルロスはサン・アントニオ生まれのテックス・メックスだった）

\* \* \*

## ラティーノの影響力

ヒスパニック（Hispanic）とは，アメリカ合衆国に住むラテンアメリカ系移民のうちスペイン語圏出身の人たちを指す総称。もっと広く，スペイン語圏以外のラテンアメリカ系移民をも含める場合はラティーノ（Latino）と呼ぶ。また，ヒスパニックは「白人であること」を暗示するので，肌の色にこだわらないラティーノという呼称がアメリカメディアでは使われている。

ラティーノは合衆国における最大のマイノリティーグループで，米国国勢調査局の発表によると，2000 年時点でのラティーノ人口は 3530 万人（米国総人口の 12.5％）で，さらに 2050 年までには合衆国全体の 25％に至るだろうと予想している。19 世紀中葉までテキサス，カリフォルニアなど南西部諸州

がメキシコ領だった関係で，メキシコ系アメリカ人がラティーノの中で最大多数を占める。次いで，ニューヨークのプエルト・リコ人，マイアミのキューバ人と続く。

　アメリカにおけるラティーノの影響は絶大なものがあり，今後，ますます強くなっていくと考えられている。当然，政治面でも大きな影響力を持つ。テキサス出身のジョージ・W・ブッシュ前大統領は，ラティーノ票確保のために，大統領選演説をスペイン語で行った。

# 広く使える格闘技英語

## MMA
エム・エイ・エイ

**Mixed Martial Arts**
「総合格闘技」

　火星を意味する英語 Mars は元々ローマ神話の軍神（戦いの神）マースのこと。火星が赤みを帯びて見え，血や戦いを連想させることからこの名が付いた。その Mars から派生したのが martial（戦いの，戦争好きの）という形容詞である。

　一方，art には「芸術」「美術」以外に，「技」「技巧」という意味があり，両方を合わせた martial arts が「戦いのための技巧」すなわち「格闘技」という意味になった。fighting arts, fighting sports という表現もあるが，martial arts ほど一般的ではない。狭義にはアジアで発達した空手，柔道，カンフー，テコンドーなどを指すが，近年では martial arts と言えば，広くボクシング，プロレス，ブラジル柔術などをも指す。表題の MMA は，日本では「総合格闘技」と訳すが，英語は厳密には「混合格闘技」。eye-gouging（目潰し），biting（噛みつき），strikes to the groin（金的），small joint manipulation（指先などの小さな関節への攻撃）などの反則技以外は，柔道，ブラジル柔術，ボクシングなど様々な格闘技の技を使ってよいことから NHB

（＝No Holds Barred）とも呼ばれる。

※ Hold は「技」，Barred は「禁じられている」という意味。全体で「禁じられている技は無い」ということ。

A：Watch out! Don't fuck with Ben.（気をつけろ。ベンを怒らせるな）
B：Why?（なんでだ？）
A：'Cuz he trains in MMA.（奴は総合格闘技やってるから）

◆ no holds barred（禁じ手無し）は，格闘技の世界以外でも広く使われるフレーズ。

A：Love is blind.（愛は盲目）
B：Also, in love, there are no holds barred.（しかも，愛は手段を選ばない）

次のような使い方もある。

A：This party is kind of a no-holds-barred event.（このパーティーはいわゆる何でもありパーティーだ）
B：Oh, then I can talk with our CEO just like I do with my buddy.（じゃあ，会長とタメ口利いてもいいんだな）

\* \* \*

## 格闘技英語の基礎知識

かつて，アメリカで人気の格闘技といえば，プロレスとボクシングだった。が，今では総合格闘技がその座を奪った。ケーブルテレビなどでプロレスやボクシングの番組を見つけるのは大変だが，MMA の放送は容易に視聴可能だ。また，書店に行っても，プロレスやボクシングの雑誌はあまり見かけないが，

MMAの雑誌なら何種類も置いてある。

ここでは，格闘技で使われる英語表現をいくつか紹介する。例文は日常での応用を示した。

✤Don gave Monster a black eye.（ドンはモンスターの目の周りにアザができるほど殴った）

∷ The scandal gave SS Company a black eye.（そのスキャンダルがSSカンパニーの名誉を失墜させた）

✤Mighty Power broke his opponent's leg.（マイティー・パワーが対戦相手の脚をへし折った）

∷ Break a leg!（頑張って！）

※これから舞台などでパフォーマンスをする人に言う。

✤Eric got a chip on his shoulder.（エリックがケンカ腰になった）

∷ Nowadays, kids have chips on their shoulders.（最近の子供たちはキレやすい）

✤Crusher Tony downed his five opponents by himself.（クラッシャー・トニーは，1人で5人の敵をぶっ倒した）

∷ Carrie downed the beer in one gulp.（キャリーは一気にビールを飲み干した）

✤Killer Jack dropped some elbows on Antonio's face.（キラー・ジャックがアントニオの顔面にエルボードロップを数発お見舞いした）

∷ Commuters elbow their ways through a crowd.（通勤者たちは人混みを押し分けて進む）

※elbowを動詞として使った日常表現例

✥Crazy B got mad at the referee and kneed him bitterly. (クレイジーBはレフェリーに怒って膝蹴りを食らわせた)

⋮ I learned those songs at my mother's knee. (それらの歌を母の膝の上で覚えた→幼いときに覚えた)

※ knee を使った日常的イディオム例

# 日米ペット事情

## 【 K9 】
### ケイナイン

**canine**
**「警察犬」「軍用犬」**

canine は「イヌ科の」「犬の」という形容詞であり、「犬」という名詞でもある。アメリカの軍が軍用犬を canine と同音の K9 と表記したことに端を発し、警察でも警察犬を K9 と書くことになった。K9 dog とすることもある。

Fred works at the K9 School.（フレッドは警察犬訓練所に勤めている）

◆「盲導犬」は seeing-eye dog あるいは guide dog。
My father is visually impaired and has a seeing-eye dog Patty.（父は目が不自由で、盲導犬のパティーを飼っている）

\* \* \*

### 日米ペット犬事情

2010 年 4 月に更新された Maps of World というサイトの Pet Dog Population（ペットとして飼われる犬の個体数）というページによると、3 位中国の 2300 万匹、2 位ブラジルの 3000 万匹を大きく引き離して、アメリカが 6100 万匹でペット犬保有数世界 1 位だ。日

本は4位でおよそ950万匹の犬が飼われている。

　日本人はよく「うちの犬は家族の一員」と言うが，アメリカ人の多くは「犬はあくまでも犬」という考え方をする。犬にはドッグフードを与え，人間の食事を与えることはあまりない。またベッドで一緒に寝ることも珍しいという。これは人間の赤ちゃんにも当てはまることで，家庭事情にもよるが，アメリカでは生後数カ月から基本的に親子の寝室は別々だ。

　躾に関しても，アメリカのほうが dog training school（犬の訓練学校）や dog trainer（犬の訓練士）に一定期間預け，犬が後々問題行動をとらないようにする家庭が多い。また住宅事情からか，アメリカでは大型犬に人気がある。

　日米の一番大きな違いは，アメリカでは，珍獣のペットショップはあるが，犬猫のペットショップはほぼ皆無，という点だ。犬はブリーダーから買う，あるいはシェルター（迷子犬や捨て犬を保護する施設）から譲り受けるのが主流になっている。

# 記憶力を高める呪文

## 【 Roy G. Biv 】
### ロイジービヴ

**Red, Orange, Yellow, Green, Blue, Indigo, Violet**
「虹の7色」

虹の7色（光のスペクトル）のうち，波長の長い順に色の頭文字を並べたアクロニム。Red（赤），Orange（オレンジ），Yellow（黄），Green（緑），Blue（青），Indigo（藍），Violet（紫）の順だが，それを人名風に仕立てたのがミソ。Roy は男性の名前としては一般的。G の後にピリオドがついているのは，ミドルネームを省略した形を見立てている。ファミリーネームに当たるのが Biv となるわけだが，これはファーストネームほどは名前っぽくない。アメリカ人はロイ・ジー・ビヴさんの名前をもってスペクトルの波長の長短を記憶している。このように記憶を助けてくれる文や語のことを mnemonic（ニーモニック）という。

A：Can you name all the seven colors in rainbows?（虹の7色全部言える？）
B：EZ. They are Roy G. Biv.（簡単。ロイジービヴでしょ）

◆日本で言うところの「水・金・地・火・木・土・天・海・(冥)」（太陽系の惑星の並び）に相当するニーモニックは，"My Very Educated Mother Just Served Us

Nine Pies."（大変教養のある私の母が，私たちに9つのパイを焼いてくれた）。9つそれぞれの単語の capital letter（頭文字）M, V, E, M, J, S, U, N, P が，Mercury（水星）, Venus（金星）, Earth（地球）, Mars（火星）, Jupiter（木星）, Saturn（土星）, Uranus（天王星）, Neptune（海王星）, ［Pluto（冥王星）］を思い出させてくれる。

※ Pluto は 2006 年，国際天文学連合により準惑星に分類された。

\* \* \*

## Mnemonic あれこれ

昔の日本のテレビ映画「怪傑ハリマオ」。これでシェイクスピアの4大悲劇を思い出すことができる。ハムレット (Hamlet), リア王 (King Lear), マクベス (Macbeth) そしてオセロ (Othello)。これが日本語版 mnemonic である。以下，よく使われる mnemonic をいくつか見てみよう。

遺伝子が乗っている DNA は，ねじれた縄梯子のようになっていて，一つひとつの横棒は，4つの塩基 Adenine（アデニン）, Thymine（チミン）, Guanine（グアニン）, Cytosine（シトシン）のうち，A と T, G と C が手を繋ぐことでできている。この組み合わせを覚えやすくした mnemonic が At The Girls' Club（女の子のクラブで）だ。

ギリシャの3大哲学者の名前は SPA（温泉）という mnemonic で覚えられる。Socrates（ソクラテス）, Plato（プラトン）, Aristotle（アリストテレス）の3人

の哲人の頭文字を繋ぎ合わせたアクロニムになっている。

奴隷制存続/廃止が争点になった南北戦争（the Civil War 1861〜1865）に際し，奴隷制存続を主張し合衆国から離脱した州は South Carolina, Mississippi, Florida, Alabama, Georgia, Louisiana, Texas, Virginia, Arkansas, Tennessee, North Carolina, の11州。これを記憶するための mnemonic が，So My Father Ate Grapes Last Tuesday, Very Awesome Tart Napas.（そこで，私の父は先週火曜日にぶどうを食べた。とても美味しくてすっぱいナパぶどうを）となる。

ちょっと変わったところでは，円周率πを思い出すための mnemonic だ。May I have a large container of coffee?（大きな容器一杯分のコーヒーを頂けますか？）の各単語の語数が 3.1415926 になっている。

# 南カリフォルニアの存在感

## So Cal
ソーカル

**Southern California**
「南カリフォルニア」

スペイン領だったカリフォルニア地域は，メキシコ独立戦争（1810年〜1821年）の結果，1821年，メキシコに併合された。その後，米墨戦争（1846年〜1848年）で，カリフォルニアはアメリカ領となり，1850年に合衆国第31番目の州となった。

カリフォルニアはサンフランシスコのベイエリアを中心とする北部と，ロサンゼルス〜サンディエゴを中心とする南部に大別できる。北カリフォルニアはシリコンバレーを有し，アメリカ有数の経済地域。南カリフォルニアにはハリウッドがあり，世界の映画産業の中心地となっている。またアメリカ本土の中でもアジアに近く，メキシコと隣接しているため，多くの移民が集まっている。彼らはチャイナタウン，コリアンタウン，リトルトーキョーなど，それぞれのコミュニティーを形成。以前は人種・民族が溶け合うという意味で melting pot（人種のるつぼ）と呼ばれたが，現在では決して溶け合うことなく，カリフォルニア州内で人種，民族が個を保っていることから salad bowl（民族のサラダボウル）と称されることが

多い。

So Cal は，テハチャピ山地以南のカリフォルニア州全域を指すカバン語。Northern California のカバン語は Nor Cal だが，So Cal ほど一般的ではない。Eastern California, Western California を Ea Cal, We Cal とは略さない。

◆So Cal はサーフィン，スケートボードなどの爽快感溢れる開放的な若者文化，ファッションの様式も意味する。

A：Do I look good in this jacket?（このジャケット似合うかなあ？）

B：Yeah, I like the So Cal taste.（うん。南カリフォルニアの香りがしていいね）

◆San Francisco〜San Diego は SanSan, Chicago〜Pittsburgh は ChiPitts, Boston〜WashingtonD.C. は BosWash というカバン語で呼ばれることがある。

A：What kind of impression do you have about BosWash?（ボス・ウォッシュの印象は？）

B：High population density, traffic jams, and high priced commodities.（人口密集，交通渋滞，そして日用品が高い）

\* \* \*

## So Cal 情報

全米で屈指の大都市ロサンゼルスは，もちろん南カリフォルニアで最大の都市だ。しかし，意外なことに，良い意味でロスは「大きな田舎」と言われる。従って，

So Cal 全体が超大きな良い意味での田舎と言えるかも知れない。

　この，広大な素晴らしき田舎には，ビーチバレー発祥の地と言われる Manhattan Beach，世界中のサーファーの憧れ Huntington Beach，マリンスポーツや大自然を満喫できる Santa Catalina Island，セレブの別荘地として有名な Malibu などの人気スポットがある。

　今，こうした So Cal のリゾート地で老後を過ごすことが，アメリカ人の間で人気だ。冬でも海岸ではビキニの女性が日焼けを楽しめるほど温暖。本格的な降雨は年 10 日程度と湿気が少なくて快適。物価は少々高目だが，それが返って高級感を醸し出し，ステータスシンボルになる。

# トイレの英語

## 【 BM 】
ビー・エム

**Bowel Movement**
「便通」

医療の現場では略さず Bowel Movement とするのが正式な言い方だが，若者達の間でのメールやチャットでは BM の形でよく登場する。

- A：Did you have a bowel movement this morning?（今朝は便通がありましたか？）
- B：No, doc.（ないんです，先生）

くだけた表現だと次のようになる。

- Sorry, I gotta have a BM.（ごめん，クソしたくなった）

\* \* \*

## 日米トイレ考

日本にまだ洋式トイレが普及していなかった頃，来日したアメリカ人が和式トイレに逆向きに座ったとか，便器にドスンとお尻をつけて座ってしまった，などという笑い話がある。ここでは，日米のトイレ事情にウンチクを傾けてみたい。

日本とアメリカのトイレットペーパーの幅は共に114mm，欧米では97mmが主流。ベトナムでは90mm。直径は，日本では12cmだが，シンガポールでは3倍近い30cm。これには，清掃員がトイレ

ペーパーを補充する回数を減らすことと共に，盗難防止の目的がある。

男子小用トイレの場合，アメリカでは，俗に「朝顔」と呼ばれる壁掛け式の小さな便器が主流で，横との仕切りもなく，「隣の珍客」が気になる。日本では全体を覆う形の床置き式小便器が多く，身のこなし方ひとつでうまく隠すことが可能。日本では当たり前の洗浄用のセンサーもアメリカでは珍しい。また，アメリカでは温水洗浄便座もまず見かけることはない。

アメリカでは，大用の個室のドアが床上 30cm ぐらいまでしかなく，便座に腰をかけると，向うずねあたりから下が外から見えてしまう。これは女性用トイレでも同じである。これだと，使用中かどうかがひと目でわかるし犯罪防止にも役立つが，初めて経験する外国人は落ち着かない気分で用を足すことになる。

総じて，日本のほうがトイレに関しても繊細できめ細やか。アメリカは合理的で，簡素。プライベートな音を消す擬音装置などももちろんない。この細やかさ，気配りの違いは，ひとつトイレだけではなく，料理，接客，商品の包装など，日常生活の様々な場面で見られる差異だと言っていい。

## 【関連表現】

**go to the powder room** 化粧室に行く

:: Excuse me, I'm going to the powder room.（失礼，化

粧を直してくるわ)

**use the facilities**（設備を使うことから）トイレに行く。

> May I use the facilities?（おトイレをお借りしてもいいですか？）

**wash one's hands**（手を洗う，ことから）トイレに行く。

> She has just stepped out to wash her hands.（ちょっとトイレで席をはずしています）

**go to the bathroom** トイレに行く

**answer the call of nature**（生理的要求に応える）トイレに行く

**go potty** トイレに行く（幼児語）

**take a leak** (take a piss) 小便する

**take a shit** ウンコする

**urine** 尿

**urinate** 排尿する

**feces** 大便

**waste** 排泄物

**diarrhea** 下痢

> I have diarrhea.（私は下痢している）

**constipation** 便秘

> I am constipated.（私は便秘している）

**number one** (No.1) 小用

**number two** (No.2) 大きい方

# 女性に大人気のドラマ

## SATC
エス・エイ・ティー・シー

**Sex And The City**
「セックス・アンド・ザ・シティー」

1998〜2004年にアメリカで放送された恋愛ドラマ。社会的に成功している，スマートでファッショナブルな30代女性4人（セックス・コラムニスト，弁護士，アート・ディーラー，PR会社社長）がニューヨーク市を中心に繰り広げる大人の恋愛模様を描く。

普通の恋愛ドラマと違い，男女の情事に関する露骨なガールズトークが飛び交うことでよく知られるが，女同士の友情や家族愛，養子縁組などのシリアスな事柄にも触れ，ホロッとさせるシーンもある。また，コミカルな一面も持つ。

アメリカを始め日本，オーストラリア，イギリスなど多くの国々で女性を中心に好評を博し，DVDはシーズン6まで制作されるほどの人気。さらには映画化もされ，日本では2008年に第一弾が，2010年には第二弾が上映された。彼女たちのライフスタイルに憧れて，舞台となったニューヨーク市に国内外から移り住む人が現れたり，ロケで使われたカフェやレストラン，クラブが有名になったり，登場人物たちのファッションが女性誌を飾るといった社会現

象も起きた。ゴールデン・グローブ賞8回,エミー賞7回受賞。

A：Many women like SATC.（多くの女性がSATCのファンだ）

B：And many men don't care.（そして多くの男性がどうでもいいと思っている）

◆ファッションリーダーとしてSATCの大ヒットに重要な貢献をしたのが,デザイナー,スタイリストで衣装担当だったパトリシア・フィールド。その豪華で斬新なファッションセンスが評価され,1990年と2002年にエミー賞を受賞している。

A：Patricia Field was nominated for many awards.（パトリシア・フィールドは多くの賞にノミネートされた）

B：And she actually got two Emmy Awards.（で,実際にエミー賞を2回受賞した）

\* \* \*

## SATCを楽しむための英語

このドラマには,様々な要素が含まれる。まず登場人物の会話内容は性的に相当際どい事柄が多く取り上げられる点で官能作品と言えるし,ファッションや都会生活に焦点を当てればトレンディードラマだ。それぞれの恋の行く方に注目すれば純愛も含む恋愛ドラマ。笑える言動も多いのでコメディーとも言える。また,女性同士の友情物語とみることもできるし,人生,仕事,恋愛,結婚などに真摯に向き合う姿勢はシリアスドラマそのものだ。こういった数々の要

素が絡み合っていることが，このドラマの大きな魅力と言えそうだ。

ここでは，SATCで見られる様々な分野に関係する英語表現や用語についてできるだけ多く簡単に紹介してみたい。

### 【 エッチな英語 】

dick, tool（男性性器）, private parts（陰部）, testicles, balls（睾丸）, tits（オッパイ）, nipples（乳首）, pubic hair（陰毛）, jerk off, do it oneself, take care of oneself（自慰を行う）, blow job（女性から男性への口腔性行為）, eat（男性から女性への口腔性行為）, intercourse（肉体関係）, sleep with〜（〜と寝る）, make love to 〜（〜と愛し合う）, bang〜, hump〜（〜と性交する）, get it off（射精する）, onanism, pulling out（膣外射精）, cream pie（中出し）, premature ejaculation（早漏）, cum and gone（腹上死）, I'm cumming.（イク）, erection, get it up, hard on（勃起）, semen, sperm, cum, cream, juice（精液）, condom, rubber, prophylactic, French letter（コンドーム）

### 【 ルックス関連英語 】

cool（かっこいい）, good looking（イケメン）, hot（セクシー）, foxy（魅惑的な）, sharp dressed（服装がキマッている）, uncool（かっこ悪い）, tacky（ダサイ）, dowdy（女性の服装がヤボッたい）, sophisticated（都会風に洗練された）, geek（ダサイ服装の男）

## 【 恋愛・結婚関連英語 】

single, unmarried（独身）, married（結婚している）, shotgun wedding（出来ちゃった結婚）, abortion（中絶）, love at first sight（人目惚れ）, divorce（離婚する）, break up, call it quits（別れる）

## 【 ニューヨーク市関連英語 】

the Statue of Liberty（自由の女神）, Times Square（ブロードウェーと7番街との交差点付近の広場）, Broadway（マンハッタン区中央を貫く大通り）, the Empire State Building（マンハッタン区の443.2メートルの摩天楼）, Central Park（公園内に森林やメトロポリタン美術館がある）, Metropolitan Museum of Art（セントラルパーク東側の大美術館。）

## 【 ニューヨーク市の有名ブティック 】

Dolce & Gabbana（イタリアを代表する世界的ファッションブランド）, claire's（世界最大のアクセサリーチェーンストア）, By Robert James（質素・誠実・ハンサムがモットーのメンズファッション）, Gucci America Store（ハイソな大人だけでなく、子供も楽しめるブティック）, Christian Dior Inc（バーバリー、シャネル、ラコステなどの一流ブランド店が隣接）

## 【 有名ファッションデザイナー 】

Alexander McQueen（ビョーク、レディ・ガガ御用達のロンドンのデザイナー）, Anna Sui（ニューヨークのパーソンズ美術大学出身。ソーホーに自身の店舗を構える）, James Coviello（年間3シーズンのコレクションをデザ

インし，バーニーズ・ニューヨークなどで販売している），Peter Som（着る人のあるがままの優雅さ，セクシーさを引き出す）

### 【ニューヨーク市の有名カフェ】

Brown Cafe（地元の食材を生かしたメニューが評判），Cafe Wha?（ボブ・ディランやジミ・ヘンドリックスも通った伝説のカフェ），Ferrara Bakery & Cafe（エスプレッソ，カプチーノ，ペイストリーなどが堪能できるイタリアンなお店），Caffe Reggio（アメリカで初めてカプチーノを出したカフェ），Candle Cafe（産地直送のオーガニック食材を使った，健康志向の店）

### 【ニューヨーク市の有名レストラン】

The Four Seasons（「食のアカデミー賞」ジェイムス・ビアード賞を1999年に獲得），La Grenouille（伝統的フランス料理のほか，即興料理も好評），Hard Rock Café New York（タイムズ・スクエアの中心にあり，700席もある広い店内を誇る），Le Cirque（「サーカス」という意味の高級フレンチレストラン），Sardi's（マンハッタンの劇場街に位置する83年の歴史を誇る老舗。），Tom's Restaurant（近隣のコロンビア大学の学生・教職員御用達），Russian Tea Room（カーネギーホールに程近く，作家，政治家，俳優，ビジネスマンなどが集う）

### 【ニューヨーク市の有名ナイトクラブ】

13（ユニオン・スクエアーに隣接。ラウンジ，ダンスホール，屋上ダイニングが人気），Bar 169（ファンキーで知られるクラブ。週末には60年代のゴーゴーやディス

コミュージックが流れる)，La Nueva Escuelita（サルサ，ラテンミュージックなどが流れる，ゲイ・レズクラブ）

## 【 ニューヨーク市の豪華ホテル 】

Park South Hotel（こじんまりとした珠玉のデザイナーズホテル），Hudson Hotel New York（スタイリッシュで，大衆的で，クールな新しい世代のホテル），The Carlton（昔と今が融合したデラックスホテル），The Bryant Park Hotel（世界の泊まってみたいベストホテルのひとつ。ニューヨークで最もロマンティックなホテルとされる）

# 全米ファッションの最高学府

## FIT
エフ・アイ・ティー

**Fashion Institute of Technology**
「ニューヨーク州立ファッション工科大学」

FIT は，同じニューヨークにある Parsons The New School for Design（パーソンズ美術大学）と並ぶ，アメリカを代表するアート・ファッション・デザイン大学。Calvin Klein（カルバン・クライン），Céline Vipiana（セリーヌ・ヴィピアナ）などの世界的デザイナーを輩出している。パーソンズが私立で学費が高く，お金持ちの学校であるのに対して，州立の FIT は低学費で庶民の学校と言える。

∷ FIT and Parsons lead the American fashion world.（FIT と Parsons がアメリカのファッション界をリードしている）

◆理工系の学問分野に特化した Massachusetts Institute of Technology＝MIT（マサチューセッツ工科大学）のような大学がアートの世界にも必要だ，という理念で FIT が創設された。よって MIT に似せてネーミングされた。

∷ A：Would-be engineers go to MIT.（エンジニア志望の人は MIT に行く）
∷ B：Would-be designers go to FIT.（デザイナー志望の

::  人は FIT に行く)

\* \* \*

**ニューヨークゆかりのファッションデザイナー** 国連本部があり，世界の金融の中心でもあるニューヨークにゆかりのあるファッションデザイナーたちを概観してみよう。

上述のように，FIT を卒業した Calvin Klein は，new jeans line（新しいジーンズの製品ライン）で一躍脚光を浴び，その名を世界に知らしめた。Céline Vipiana は made-to-measure kids shoes（あつらえの子供靴）の生産でデザイナーとしてのキャリアをスタートさせた。

Parsons 出身と言えば，中国系アメリカ人 Anna Sui（アナ・スイ）が有名だ。1991 年に自身初の runway show（せり出したステージ上をモデルが歩く形のファッションショー）を大成功させ，本格的なメジャーデビューを果たした。この美術大学からはまた，Jack McCollough（ジャック・マッコロー）と Lazaro Hernandez（ラザロ・ヘルナンデス）のデュオが誕生し，Proenza Schouler（プロエンザ・スクーラー）というブランドを立ち上げた。2 人は 2003 年に，ファッション界のオスカーと呼ばれる CFDA（Council of Fashion Designers of America＝アメリカファッション協議会）の Perry Ellis Award（ペリー・エリス賞）を受賞した。Proenza Schouler には mod elements（1960 年代にスクーターを乗り回した洒落者モッズ族のファッション的要

素）が取り入れられている。

　ドラマ SATC（Sex and the city）でスタイリストとして大活躍した Patricia Field（パトリシア・フィールド）も，ニューヨークを代表するスタイリスト，デザイナーだ。彼女は 1970 年代に legging for women's fashion（ファショナブルな女性用レギンス）を発明したと自ら語っている。世界的ヘアケアブランド Vidal Sassoon（ヴィダル・サスーン）の CM にも，スタイリストとして参加している。

# 第6章

# 使える英語略語集

e-mail や Twitter, Facebook などネットワーク上のコミュニケーションで使われる英語略語を紹介した。情報発信にも便利。

**A&R**(エイ・アンド・アール):新人発掘,育成などを任務とする音楽会社の一部門

A:How about working for Def Jam Recordings.(デフ・ジャム・レコーディングスで働くのはどう?)
B:Sounds great! I'm interested in the A&R division.(素敵〜。A&R 部門に興味あり!)

※ Def Jam Recordings はヒップホップや R&B 系ミュージシャンを多く抱えるアメリカの大手レーベル。

解説:artists and repertoire(アーティストとレパートリー)の略語。producer と並んで,音楽好きの若者に人気の職業。


**A/S/L**(エイ・エス・エル):年齢,性別,現住所

A:A/S/L?(いくつ?男?女?住所は?)
B:25/male/Westwood(25 歳。男。ウエストウッド)

解説:Age/Sex/Location のイニシアリズム。初チャット相手の基本的個人情報を訊ねる常套句。スラッシュをつけずに ASL と綴ることもある。また,回答で,male(男性)は m,female(女性)は f と省略することもある。


**AFAIK**(エイ・エフ・エイ・アイ・ケイ):私の知る限りでは

A:Is James attending the conference?(ジェイムズは会議に出席するのでしょうか?)
B:AFAIK, he can't make it.(私の知る限りでは,彼

は出席できません)

解説：as far as I know という決まり文句のイニシアリズム。ほかに同じ意味の to the best of my knowledge の頭文字をつなげた TTBOMK という略語も用いられる。

**AOB**（エイ・オー・ビー）：他の用件

A：Do you have AOB? (他に用件はあるかね？)
B：No. I think that's all.(いえ。それだけだと思います)

解説：any other business のイニシアリズム。会議などで司会者が「他に案件はありますか？」の様に使う。

**BFN**（ビー・エフ・エヌ）：バイバイ，じゃあね

A：I'm gonna let you go. (チャット終わりにするよ)
B：BFN. (バイバイ)

解説：Bye for now. の略。チャットやメールを終わらせるときに使う。

**BM Val**（ビー・エム・バル）：バレンタインを一緒に過ごして下さい

You're so sweet. BM Val. (君はとても素敵だ。今度のバレンタインは君と一緒にいたい)

解説：valentine は，Valentine's Day にカードを贈るぐらい大切で親愛なる人（男女を問わず）のこと。Be my valentine. は，「そういう私の特別な人になってバレンタインを一緒に過ごして」という意味。BM Val

はそれを省略した表現。

**BOD**（ビー・オー・ディー）：おはよう

BOD. Today's meeting will be held at 10 am in Room A.（おはよう。今日の会議は午前10時からルームAで行われます）

解説：Beginning Of the Day（一日の始まり）のイニシアリズム。同僚同士の間で交わされる，社内メールなどでの朝の挨拶。

**C/O**（ケアー・オブ）：〜様方，〜様方気付

Mr. Malmgren c/o Mr. Clinton（クリントン様方マームグレン様）

解説：care of の省略形。郵便物に宛て先を書くときに使う。「クリントン様方に滞在（立ち寄っている）マームグレン様」という意味。

**CBA**（シー・ビー・エイ）：わざわざしたくない，やってられない

A：Wanna go with me?（一緒に行く？）
B：CBA.（かったるいから行かない）

解説：Don't bother to call me back.（わざわざ折り返し電話はしなくていいですよ）の bother は「わざわざ〜する」という動詞で，can't be bothered の形で I can't be bothered to go there.（わざわざそこに行きたくない）といった文を作る。can't be bothered を乱暴な言い方

にしたのが can't be arsed で，I can't be arsed to call her.（面倒だから彼女に電話しない）のように使われる。CBA は，この can't be arsed のイニシアリズム。arse は ass（お尻）のこと。

**cop**（コップ）：警察官，巡査
A：There are some cops outside.（お巡りさんが2，3人外を見回りしているよ）
B：Another murder?（また殺人事件か？）
解説：constable on patrol（パトロール中の巡査）の略。アメリカ社会では警察官は英雄で，他に policeman, police officer, constable, copper など多くの呼称がある。

**CV**（シー・ヴィー）：履歴書
Applicants for the position are required to send a CV by October 4.（その職の応募者は10月4日までに履歴書を送付のこと）
解説：ラテン語 curriculum vitae（カリキュラム・ヴィータイ）の略。同じ履歴書でも，CV のほうが résumé よりも長く，詳しく職歴や経歴，学歴を書く。

**DIY**（ディー・アイ・ワイ）：日曜大工
A：You built this house by yourself?（一人でこの家建てたの？）
B：Yes, I like DIY.（うん。日曜大工好きだから）
解説：Do it yourself. のイニシアリズムであることは

万人の知るところ。直訳「自分のことは自分でやれ」から「自慰」の意味も。また，CD制作からライブスケジュール調整等，何でも自分達でこなすインディーズバンドを DIY band と呼んだりもする。

**DLTM**（ディー・エル・ティー・エム）：私にウソをつかないで
　A：Becky told me she likes me.（ベッキーが俺のこと好きだって）
　B：DLTM（ウソつくな）
解説：Don't lie to me. のイニシアリズム。アメリカ人は，You are a liar.（お前はウソつきだ）と言われることを非常に嫌う。

**F8**（フェイト）：運命
　A：Oh, she dumped me.（ああ，彼女にフラれた）
　B：You should accept your F8.（運命を受け入れたほうがいいよ）
解説：fate の ate の部分を同じ発音の 8 で置き換えたもの。ほかに sk8（skate）というのもある。

**Fa' Sho**（フィショ）：確かに，確実に
　A：What time do you have?（何時？）
　B：2:45. We can make the bus Fa' Sho.（2時45分。バスには絶対間に合うよ）
解説：for sure（確かに，確実に）を黒人英語（Ebonics）

っぽく発音したもの。fa sho や fa'sho, Fasho とも綴られることがあるこの略語は, 主に黒人の若者が使う言葉。Facebook や MySpace でもよく見かける。

**G2G**（ジー・トゥージー）：行かなくっちゃ
A：G2G.（おしまいにしよう）
B：GG.（いい試合だったよ）※ GG＝Good Game
解説：have to go（行かなくちゃ）の口語形 got to go のスードー・アクロニム。初めはオンラインゲームを終了させたり中断するときに用いられていたが, 次第にメールやチャットでも使われるようになった。

**GTBOS**（ジー・ティー・ビー・オー・エス）：お役に立てて光栄です
A：You helped me a lot.（大いに助かりました）
B：GTBOS.（お役に立てて嬉しいです）
解説：Glad to be of service. のイニシアリズム。ボランティア活動, 慈善活動が盛んなアメリカ社会を映し出す省略語。

**IAD8**（アイ・エイ・ディー・エイト）：では, その日にしましょう
A：How about meeting up this coming Sunday?（今度の日曜に会うのはどう？）
B：IAD8.（うん, その日にしよう）
解説：It's a date. の略で, 主に男女のデートの待ち合

わせに使われる。

**JAFI**（ジャフィー）：やりたがっている女

A：Can you see the hot chick over there?（向こうにいるいい女見える？）
B：Yeah. She must be JAFI.（ああ。ありゃやりたがってるな）

解説：Just asking for it. のアクロニム。ask for it（自らそれ［災いなど］を求める/自業自得だ/墓穴を掘る）が元となる表現で，it＝sex と限定した場合が JAFI。女性に対して使う。

**JIC**（ジェイ・アイ・シー）：念のため

JIC you didn't know, we don't have class tomorrow.（知らないといけないので念のため。明日は授業はありません。）

解説：just in case のイニシアリズム。主にネット上で使われる。

**KISS**（キス）：簡単に言え，アホ。

What are you trying to get at? KISS.（何が言いたいの？簡単に言えよ，ボケ）

解説：Keep it simple, stupid. の略。小難しい理屈をこねる人や，話が回りくどい人に対して使う。

**KMP**（ケイ・エム・ピー）：逐一近況報告を入れる

A：I am visiting the Central Research Center in Chicago, boss.（ボス，シカゴの中央研究所に行って来ます）

B：I see. KMP.（了解。随時進捗状況を報告してくれ）

解説：Keep me posted.（私を，新情報を与えられている状態に保ってくれ）のイニシアリズム。多く，ビジネスシーンで，上司が部下に対して使う。

**LLL**（エル・エル・エル）：生きる，笑う，そして愛する

A：How come you always look so happy?（どうしていつもそんなに幸せそうなんですか？）

B：Because my motto is LLL.（私のモットーは生きる，笑う，愛するだからです）

解説：Live, Laugh and Love. のイニシアリズム。The Triple L ともいう。愛に満ちた人生を楽しく笑って生きようとする姿勢を示した標語。

**LTNS**（エル・ティー・エヌ・エス）：久しぶり

A：I'm back from London.（ロンドンから帰ったぞ）

B：LTNS.（久しぶり）

解説：定番の Long time no see. のイニシアリズム。主にチャットやメールで使われる。

**mo**（モー）：もっと

::: Give me mo money.（もっとお金ちょうだい）

解説：more の省略形。デモ行進やストライキなどのプラカードによく書かれる。

**mos def**（モスデフ）：絶対に，確実に

::: A：Fa' Sho?（確かか？）
::: B：Mos def!（絶対だ！）

解説：most definitely（最も絶対に）のカバン語。Fa' Sho と対になって登場することがよくある。A と B の発話は交換可能。

**MSG**（エム・エス・ジー）：グルタミン酸ナトリウム

::: A：This dish contains MSG.（この料理にはグルタミン酸ナトリウムが使われている）
::: B：That's why it tastes good.（だからいい味出してるんだ～）

解説：monosodium glutamate の略。「うまみ成分」，あるいは「うまみ調味料」と訳される。

**MTE**（エム・ティー・イー）：まさに同感

::: A：Tonight's game was so exciting!（今夜の試合は興奮したな！）
::: B：MTE.（同感）

解説：My thoughts exactly.（まさに私の考えです）のイニシアリズム。ただ単に Exactly. だけでも同意・同

感の意を表すことはできる。

**MTG**（ミーティング）：会議，ミーティング
A：What time will the MTG start?（ミーティング，何時から？）
B：It will start at 11.（11時からだよ）
解説：meeting のショートハンド。ビジネスメールや部活の連絡メールでも多用される。

**NE1**（エニーワン）：誰でも，誰か
A：Who do you want to go out with?（誰と付き合いたいの？）
B：NE1 will do.（誰でもいい）
解説：anyone（誰でも，誰か）と同じ音になるので，若者たちが冗談っぽく使う。

**NLP**（エヌ・エル・ピー）：神経言語プログラミング
A：I'm thinking of learning NLP.（NLP を学ぼうかと考えている）
B：Great. NLP is a very useful business tool（いいねえ。NLP は大変役立つビジネスツールだよ）
解説：Neuro-Linguistic Programming のイニシアリズム。様々な分野の成功者に共通するコミュニケーション能力を分析した心理学的理論と実践。現代ではビジネスへの応用が盛ん。

**OBO**(オー・ビー・オー):応相談

30%OFF! You can buy the car for $5,000 OBO. (30%オフ。その車 5,000 ドル。応相談)

解説:Or Best Offer の略。主に,商品広告で使われる。

**Ohrly?**(オー・リアリー):マジ?

A:Alex and Polar are dating. (アレックスとポーラが付き合ってるよ)
B:Ohrly? I don't think so. (マジ?ウソだあ)

解説:Oh, really? (本当?) の短縮形。メールやチャット, SNS などで多用される。同じ「マジ?」でも, Oh, really? より Ohrly のほうが疑う気持ちが強くなる, と言われている。

**OK**(オーケイ):オーケー,いいよ

A:Can I use your pen? (ペン貸して)
B:OK. (はいよ)

解説:「了承」を表す all correct のミススペリング oll korrect の頭文字であるという説や,「その通り」を意味するアメリカインディアンの言葉 okeh 説などがある。

**OTE**(オー・ティー・イー):目標通りの売り上げ

A:How was the financial situation of your company last year. (去年の御社の財務状況はどうでしたか?)
B:We achieved our OTE. (掲げた目標通りの売り上げを達成しました)

解説：on-target earnings（目標通りの稼ぎ）のイニシアリズム。目標を上回った場合は above-target earnings, 下回った場合は below-target earnings と言う。

**PDCA**（ピー・ディー・シー・エイ）：計画，実行，評価，改善

A：President Obama should execute new policies. （オバマ大統領は新しい政策を実行に移すべきだ）
B：Otherwise the PDCA cycle won't work well. （でないと PDCA サイクルがうまく機能しない）

解説：Plan Do Check Act。通常 PDCA cycle の形で使われる。ビジネス業務遂行やソフトウェア開発の基本手順を規定したイニシアリズム。提唱者の名前を取って Deming cycle あるいは Shewhart cycle とも呼ばれる。

**pls**（プリーズ）：どうか，どうぞ

Pls come to the meeting by 1 pm. （どうか午後 1 時までに会議に来て下さい）

解説：please の簡潔語。携帯やパソコンメールで使われる。plz と綴る人もいる。

**PO Box**（ピー・オー・ボックス）：私書箱

A：Where should I mail it to? （どこに郵送すればいい？）
B：Just address it to my PO Box. （僕の私書箱に送っ

てよ)

解説:公共サービスの名称 Post Office Box のカバン語。POBox, POB と表記することもある。

**pro-am**(プロ・アム):(特にゴルフの)プロ・アマ合同参加試合(の)

A:Have you ever been to St. Andrews?(セントアンドリュースに行ったことある?)
B:Yeah, I played in a pro-am tournament.(プロ・アマトーナメントでプレーしたよ)

※ St. Andrews はスコットランドにあるゴルフ発祥の地。

解説:professional-amateur のカバン語。ゴルフに限らず、プロのようにレベルの高いアマチュア選手を指すこともある。

**Q-tip**(キュー・ティップ):綿棒

A:I can't hear you.(お前の声聞こえない)
B:Just clean your ears with a Q-tip!(綿棒で耳の穴かっぽじれ!)

解説:綿棒は cotton swab あるいは cotton bud と呼ばれることもあるが、特にアメリカでは Q-tip という呼称が一般的。Q は quality(高品質の)のイニシアル、tip は「先っぽ」の意。

**RUOK?**（アー・ユー・オー・ケイ）：大丈夫？

A：OMG!（わあ，大変）
B：RUOK?（大丈夫？）

解説：Are you OK? の省略形。遊び感覚でチャットなどで使われる。OMG は Oh my God. のイニシアリズム。

**S&D**（エス・アンド・ディー）：類似点と相違点

Jack is now working on the report about the S&D of religion and philosophy.（ジャックは今，哲学と宗教の類似点と相違点についてのレポートに取り組んでいる）

解説：similarities and differences の略。C&E（＝cause and effect：因果関係）と同様，主にアカデミックな場面で使われる。

**SCUBA**（スクーバ）：自給式水中呼吸装置

A：I am going to the Maldives.（モルジブに行くんだ）
B：You are really a scuba diving fanatic.（お前，本当にスクーバ・ダイビング好きだな）

解説：Self-Contained Underwater Breathing Apparatus のアクロニム。「スキューバ」ではなく「スクーバ」と発音する。主に scuba diving（スクーバ・ダイビング），scuba diver（スクーバ・ダイバー）の形で用いられる。posh（137 頁参照）と同様，scuba がアクロニムであることを知らないネイティブも多い。

**SOP**（エス・オー・ピー）：決まった手順，決まりごと

A：Something is wrong with this photocopier.（このコピー機，壊れてる）

B：Did you follow the SOP manual?（手順書通りにやったか？）

解説：standard operating procedure（標準的操作手順）のイニシアリズム。機械のマニュアルを始め，ビジネス，番組制作，教育，料理，スポーツなど，様々な分野において一般化し，パターン化した決まりごとや手順全般を指す。

**SOS**（エス・オー・エス）：エス・オー・エス

A：God! This ship is sinking.（くそ！船が沈んでいるぞ）

B：Did you send an SOS signal?（エス・オー・エス信号を送信したか？）

解説：Save our souls.（我らの魂を救いたまえ）や Save our ship.（我々の船を救って下さい）のイニシアリズムだというのは俗説。SOSがモールス信号では「トントントン・ツーツーツー・トントントン（・・・－－－・・・）」と単純で打ち易いので，緊急信号に採用された。

**SSDD**（エス・エス・ディー・ディー）：今日もまたクソのような一日だ

- A：Sup?（どう？）
- B：SSDD.（もう毎日ウンザリ）
- ※ Sup? は What's up?（元気？）の省略形。

解説：Same Shit, Different Day（日にちは違っても，同じウンコ）のイニシアリズム。毎日同じことの繰り返しでウンザリしているときなどに使う。もう少し軽いニュアンスの「相変わらずだよ」なら Same old, same old.

**TGAL**（ティー・ジー・エイ・エル）：地球規模で考え，身近なところで活動せよ

- A：Save the Earth.（地球を守れ）
- B：Yeah. TGAL!（地球全体のことを考え，身近なことから始めよ）

解説：Think Globally, Act Locally. のイニシアリズム。「地球環境のためには，身の周りの小さなこと（省エネやリサイクルなど）が大切だ」というメッセージ。「起業家にとっては地球規模で考え，地域に根ざしてビジネス展開することが重要だ」といった具合に，現在ではビジネスシーンでも登場する。

**TIA**（ティー・アイ・エイ）：よろしくお願いします

- Call me if you have a chance, TIA.（時間があったら電話下さい。よろしく）

解説：Thanks in advance.（前もってありがとう）の略。とかく態度が大きいと思われがちなアメリカ人だが，

こうした下手に出る表現もある。

**TMI**（ティー・エム・アイ）：情報過多
- I've got confused. Damn, TMI.（頭が混乱してきた。クソー，情報が多すぎる）

解説：Too Much Information（情報が多すぎる）のイニシアリズム。インターネットが世界的に普及し，情報が溢れている現代社会を象徴する。「情報が多すぎて混乱する」が本来の意味だが，転じて「そんな情報要らない」「そんな話聞きたくない」「つまんない情報だ」などのウンザリした気持ちを表すこともある。

**TOYSЯUS**（トイザらス）：おもちゃなら何でもそろう店
- A：I thought "TOYSЯUS" was a kind of dinosaur.（「トイザらス」って恐竜の一種だと思っていたよ）
- B：No. It's a toy store.（ちがうよ。おもちゃ屋さんだよ）

解説：お店のロゴは，Toys と創業者 Chuck Lazarus（チャック・ラザラス）の名前の一部 rus を結び付けた Toysrus を図案化したもの。音的には Toys are us. と同じ。英語を直訳すると「おもちゃは私たちです」となるが，その言わんとするところは，「おもちゃのことなら何でも聞いて」「おもちゃなら何でもそろう店」。

**VJ-Day**（ヴィー・ジェイ・デイ）：（第二次世界大戦で連合国軍側が）日本に勝利した日

- VJ-Day was the day when Japan surrendered.（VJデーは日本が降伏した日です）

解説：Victory over / to Japan Day（日本に対する勝利の日）の略。日本時間の1945年8月15日，時差の関係でアメリカでは8月14日。さらに，敗戦調印が行われた9月2日をVJ-Dayだとする説もある。

**Wi-Fi**（ワイ・ファイ）：ワイファイ

- A：What can you do with Wi-Fi?（ワイファイで何ができるの？）
- B：Wi-Fi connects your smartphone to the Internet wirelessly.（スマートフォンを無線でインターネットに接続してくれる）

解説：wireless fidelity（無線再生忠実度）のカバン語。無線でコンピュータネットワークに情報を送る方式。

**WTF**（ワット・ザ・ファック）：一体全体何

- A：WTF are you?（一体全体お前は何者だ？）
- B：I'm a detective.（私は刑事だ）

解説：What（何）の強意語 What the fuck のイニシアリズムだが，「ダブリュー・ティー・エフ」ではなく「ワット・ザ・ファック」と読んでしまうのが普通。チャットやメールを中心に使用される。WhoTF（一体全体誰），WhereTF（一体全体どこ）などもある。

**X out**(エックス・アウト):(誤字・不必要項目などを帳簿などから)消す

Andy's name was Xed out from the list.(アンディーの名前がリストから消された)

解説:「X(バツマーク)で消す」が X out の由来。日本語の「消す」と同様,「殺す」という意味にもなる。


**Y'all**(ヨー):あなた方全員

See y'all again.(みんな,また会おう)

解説:you all を縮めたもの。ya'll としてしまう人もいるが,y'all が一般的な表記。


**YMMV**(ワイ・エム・エム・ヴィー):時と場合による,人によって違う

A: Does this medicine work?(この薬効く?)
B: Well, you know, YMMV.(うーん,そうだなー,その人によるね)

解説:Your mileage may vary.(あなたの車の燃費には幅があります)のイニシアリズム。その昔,新車の走行テストで,路面状況などによって燃費に大きな違いが出ることがわかり,それ以降,自動車各社が TV コマーシャルに YMMV のテロップを入れるようになった。現在では It depends.(時と場合によるよ)の意味で,様々な場面で使われる略語。

# 略語・関連表現索引

## A

| | |
|---|---|
| A3 | 9 |
| abs | 140 |
| AFAIK | 174 |
| A-hole | 9 |
| alumnae association | 84 |
| alumni association | 84 |
| answer the call of nature | 162 |
| antioxidants | 142 |
| AOB | 175 |
| AP | 101 |
| aqua exercise | 142 |
| A&R | 174 |
| around the clock | 28 |
| A/S/L | 174 |

## B

| | |
|---|---|
| BA | 106 |
| baby shower | 78 |
| bachelor (stag) party | 78 |
| B-bomb | 14 |
| B-boy | 52 |
| BCAA | 142 |
| BFN | 175 |
| Black Thursday | 66 |
| Bloody Sunday | 66 |
| BLT | 55 |
| Blue Monday | 65 |
| BM | 160 |
| BMI | 142 |
| BMR | 143 |
| BMTA | 88 |
| BM Val | 175 |
| BOD | 176 |
| body fat | 143 |
| BRB | 9 |
| bridal (wedding) shower | 78 |
| BS | 106 |
| BTW | 9 |
| BYOB | 77 |

## C

| | |
|---|---|
| CBA | 176 |
| C-bomb | 14 |
| cellulite | 143 |
| CIA | 91 |
| class | 84 |
| class reunion | 84 |
| C/O | 176 |
| Co-Ed | 98 |
| constipation | 162 |
| cop | 177 |
| CU | 8 |
| CU@ ~ | 9 |
| CUL8R | 8 |
| CV | 177 |
| CYA | 110 |

## D

| | |
|---|---|
| DEA | 91 |
| delts | 143 |
| detox | 143 |
| diarrhea | 162 |
| DILF | 17 |
| DIY | 177 |
| DLTM | 178 |
| DNR | 9 |
| DOA | 122 |
| DONS | 143 |
| doomsayer | 87 |

## E

| | |
|---|---|
| ETS | 106 |

## F
- F8 ······ 178
- false alarm ······ 26
- fab ······ 9
- farewell party ······ 78
- Fa' Sho ······ 178
- fast muscle ······ 143
- F-bomb ······ 15
- FDNY ······ 91
- feces ······ 162
- FIT ······ 169
- five-day week ······ 29
- flexibility ······ 143
- frat party ······ 78
- free weight ······ 143
- Friday, the 13th ······ 66
- FYF ······ 25

## G
- G2G ······ 179
- GB ······ 10
- GBY ······ 10
- GL ······ 10
- gluteals ······ 143
- GMAT ······ 106
- goer ······ 85
- go-getter ······ 85
- go potty ······ 162
- gorgeous ······ 138
- go to the bathroom ······ 162
- go to the powder room ······ 161
- GRE ······ 106
- GTBOS ······ 179

## H
- HAGD ······ 95
- HAGL ······ 95
- HAGS ······ 95
- HAGW ······ 95
- hen party ······ 78
- houser ······ 86
- house-warming party ······ 78
- HRU? ······ 10
- hypertrophy ······ 143

## I
- IAD8 ······ 179
- IDC ······ 10
- IDTT ······ 89
- in 59 seconds ······ 37
- isometrics ······ 143
- isotonic exercise ······ 144

## J
- JAFI ······ 180
- jaywalker ······ 86
- JC ······ 134
- JIC ······ 180
- JK ······ 10

## K
- K9 ······ 152
- KISS ······ 180
- KMP ······ 181

## L
- L8R ······ 8
- LAFD ······ 91
- LAPD ······ 91
- lats ······ 144
- L-bomb ······ 13
- LLL ······ 181
- LLM ······ 106
- LMA ······ 10
- LMAO ······ 71
- LMK ······ 10
- LOL ······ 71
- LTNS ······ 181
- luxurious ······ 138

## M
- MA ······ 106
- Macca's ······ 46
- Mackey-D's ······ 46
- Maker ······ 85
- maternitybics ······ 144

| | | | |
|---|---|---|---|
| MBA | 106 | PDCA | 185 |
| MCAT | 106 | PG | 107 |
| MD | 106 | PhD | 106 |
| Mickey D's | 46 | pilates | 144 |
| MILF | 16 | pls | 185 |
| mixed-sex education | 98 | PO Box | 185 |
| MMA | 148 | posh | 137 |
| mngr | 10 | pro-am | 186 |
| mo | 182 | prom | 78 |
| mos def | 182 | PTO | 128 |
| moviegoer | 85 | | |
| MSG | 182 | | |
| MTE | 182 | | |
| MTG | 183 | | |

### Q
| | |
|---|---|
| Q-tip | 186 |

### N
| | |
|---|---|
| NE1 | 183 |
| New Yorker | 86 |
| NLP | 183 |
| NM | 10 |
| NP | 10 |
| number one (No.1) | 162 |
| number two (No.2) | 162 |
| NYPD | 90 |

### R
| | |
|---|---|
| rep | 144 |
| Rev. ~ | 134 |
| RIP | 68 |
| Roy G. Biv | 154 |
| RSV | 135 |
| RSVP | 93 |
| RUOK? | 187 |
| RV | 58 |

### O
| | |
|---|---|
| OBO | 184 |
| OH | 10 |
| Ohrly? | 184 |
| OK | 184 |
| OMG | 63 |
| OOO | 20 |
| OP | 135 |
| OPT | 116 |
| opulent | 137 |
| OT | 127 |
| OTE | 184 |

### S
| | |
|---|---|
| SAT | 10 |
| SAT | 104 |
| SATC | 163 |
| Saturday night special | 66 |
| SCUBA | 187 |
| S&D | 187 |
| Sevvy | 49 |
| single-sex education | 98 |
| Sitcom | 74 |
| slow muscle | 144 |
| SO | 125 |
| So Cal | 157 |
| SOL | 39 |
| SOP | 188 |
| SOS | 188 |
| splendid | 138 |
| SS | 61 |
| SSDD | 188 |

### P
| | |
|---|---|
| panhandler | 86 |
| PC | 119 |
| PC | 130 |
| PDA | 113 |

| | |
|---|---|
| Super Tuesday | 66 |
| SW | 10 |

## T
| | |
|---|---|
| TA | 10 |
| take a leak | 162 |
| take a shit | 162 |
| Tex-Mex | 145 |
| TGAL | 189 |
| TGIF | 65 |
| TIA | 189 |
| TILF | 17 |
| TM | 10 |
| TMI | 190 |
| TMWFI | 10 |
| TOYSЯUS | 190 |
| TTBOMK | 10 |
| TTUL / TTYL | 10 |
| TY | 10 |

## U
| | |
|---|---|
| UR4ME | 10 |
| urinate | 162 |
| urine | 162 |
| use the facilities | 162 |

## V
| | |
|---|---|
| V-card | 22 |
| VIP | 134 |
| VJ-Day | 191 |

## W
| | |
|---|---|
| w00t | 37 |
| wash one's hands | 162 |
| waste | 162 |
| Wednesday is hump day. | 66 |
| Wi-Fi | 191 |
| WTF | 191 |
| WWJD | 80 |

## X
| | |
|---|---|
| X out | 192 |

| | |
|---|---|
| XOXO | 19 |
| XOXOXOXO | 20 |
| XXX | 20 |
| XYZ | 11 |

## Y
| | |
|---|---|
| Y'all | 192 |
| YMMV | 192 |

## Z
| | |
|---|---|
| zzz | 41 |

## 数字
| | |
|---|---|
| 01er | 38 |
| 101 | 38 |
| 10-4 | 30 |
| 10 at 2 | 37 |
| 143 | 35 |
| 1432 | 35 |
| 14344 | 36 |
| 180 | 38 |
| 187 | 32 |
| 24/7 | 28 |
| 24/7/365 | 28 |
| 30 cents shy of a quarter | 37 |
| 49ers | 83 |
| 5cc bladder | 37 |

## 主要参考文献

リーダーズ英和辞典編集部『漫画で楽しむ英語擬音語辞典』(研究社, 1991)

Edward G. Seidensticker/松本道弘『最新日米口語辞典』(朝日出版社, 1982)

松本道弘『Give Get 辞典』(朝日出版社, 1983)

Harold N. Moldenke/Alma L. Moldenke, 奥本裕昭訳『聖書の植物』(八坂書房, 1995)

William Morris/Mary Morris *Dictionary of Word and Phrase Origins* (Harper & Row, Publishers, Incorporated, 1962)

St. Joseph *MEDIUM SIZE Edition New American Bible* (Catholic Book Publishing Co., 1992)

Erik Robert Flegal *University of California—Los Angeles* (College Power, 2005)

Dov Fox *The Truth About Harvard* (Random House, Inc., 2004)

[著者紹介]

**DJ Jerry**

本名,鈴木貴士(すずきたかし)。埼玉大学理学部物理学科卒業。UCLA Extension Journalism修了。西武ライオンズ通訳,代々木ゼミナール,神田外語学院等英語講師を経て現在麗澤大学ROCK,東洋学園大学Extensionなどで英語講師,ライプニッツ・アカデミー (http://niz-niz.biz/) 代表。FM三軒茶屋DJ,UCLAラジオ英語DJ,グアムラジオ局で英語によるコマーシャル制作・ニュースライティング・番組(Power98)出演を経て現在レインボータウンFMの「江東フレッシュタイム」出演中。

英文校閲:Efron Hirsch

---

**KY式英語 英語略語から現代アメリカが見える**

© DJ Jerry 2011　　　　　　　　　　　NDC831/ix, 197p/18cm

初版第1刷──2011年10月20日

| | |
|---|---|
| 著　者 | DJ Jerry |
| 発行者 | 鈴木一行 |
| 発行所 | 株式会社 **大修館書店** |

〒113-8541 東京都文京区湯島2-1-1
電話 03-3868-2651(販売部)／03-3868-2650(編集部)
振替 00190-7-40504
[出版情報] http://www.taishukan.co.jp

| | |
|---|---|
| 装丁者 | 井之上聖子 |
| 表紙イラスト | クリヤセイジ |
| 印刷・製本 | 壮光舎印刷 |

ISBN978-4-469-24567-7　　　　　　Printed in Japan

Ⓡ本書のコピー、スキャン、デジタル化等の無断複製は著作権法上での例外を除き禁じられています。本書を代行業者等の第三者に依頼してスキャンやデジタル化することは、たとえ個人や家庭内での利用であっても著作権法上認められておりません。